美国啦啦队运动的文化生态研究

李小娟 著

北京体育大学出版社

策划编辑：潘　帅　胡　敬
责任编辑：李志诚
责任校对：原子茜
版式设计：小　小

图书在版编目（CIP）数据

美国啦啦队运动的文化生态研究／李小娟著．—北京：北京体育大学出版社，2020.12
ISBN 978－7－5644－3414－4

Ⅰ．①美…　Ⅱ．①李…　Ⅲ．①运动竞赛－啦啦队－文化生态学－研究－美国　Ⅳ．①G808.22

中国版本图书馆 CIP 数据核字（2020）第 273214 号

美国啦啦队运动的文化生态研究　　**李小娟　著**
MEIGUO LALADUI YUNDONG DE WENHUA SHENGTAI YANJIU

出版发行：北京体育大学出版社
地　　址：北京市海淀区农大南路 1 号院 2 号楼 4 层办公 B－421
邮　　编：100084
网　　址：http：//cbs.bsu.edu.cn
发 行 部：010－62989320
邮 购 部：北京体育大学出版社读者服务部 010－62989432
印　　刷：北京建宏印刷有限公司
开　　本：710mm×1000mm　1/16
成品尺寸：157mm×235mm
印　　张：8
字　　数：139 千字
版　　次：2020 年 12 月第 1 版
印　　次：2020 年 12 月第 1 次印刷
定　　价：55.00 元

摘 要

作为一项新兴的体育运动，啦啦队运动在我国体育文化建设中发挥着越来越重要的作用。啦啦队运动是在美国特有的文化生态环境中产生的。从文化生态学的视角研究美国啦啦队运动的发展，深入剖析美国啦啦队运动与文化生态环境的关系及其发展的有效途径，有助于为中国啦啦队运动的发展提供理论指导。

依据文化生态基本理论，本研究结合作者在美国俄亥俄州立大学调研的材料，采用文献资料法、系统研究法、问卷调查法、专家访谈法、个案研究法和田野作业法，对美国啦啦队运动文化进行研究，主要结论如下。

（1）啦啦队运动的发展经历了原生态、继生态和新生态 3 个阶段。其中继生态分为看台助威阶段（1869—1922 年）、表演和看台助威并存阶段（1923—1977 年）。新生态分为竞赛发展初期阶段（1978—1997 年）和竞赛发展普及阶段（1998 年至今）。

（2）啦啦队运动作为一种社会文化现象，本质上是人类的身体文化活动。参与啦啦队运动的主体是人，因此在影响啦啦队运动文化的四个因素中，价值观念与啦啦队运动文化的关系最为密切，属于影响啦啦队运动文化发展的内在因素，而社会组织、经济体制和科学技术是影响啦啦队运动文化发展的外在因素。

（3）啦啦队运动是从美国原始部落起源的一项体育运动，这样就赋予其最原始、最纯粹的美国文化内涵。随着啦啦队运动文化与美国文化生态环境各种文化元素的融合，啦啦队运动在美国的风俗中成为人们的心理寄托，在美国的文学中成为人们抒发情感的载体，在丰富的艺术世界中成为人们关注的焦点和体验的对象。

（4）在原始部落封闭且信息传递不发达的社会文化环境中，啦啦队运动文化以自然传承为主，直到现在啦啦队运动依然保留着许多最原始的文化元素。在自然传承的基础上，书面传承、学校教育传承、社会传承丰富了啦啦队运动文化的传承方式，拓宽了啦啦队运动文化的传承路径。以国际竞技啦啦队联合会各组织机构的运营和管理为基础，啦啦队运动在全球的传播促使不同特质的文化在相互接触交流中产生冲突，在相互吸收渗透中融为一体，促进了全球文化的互动与沟通。

关键词：啦啦队运动；啦啦队运动文化；文化生态；美国

目　录

1 前 言

1.1 选题依据

21 世纪是知识经济时代，全球一体化使得世界各国政治、经济、文化的交流与合作更加紧密。在科技突飞猛进的时期，人们从关心领土、军备、科技进步、经济发展等有形的“硬实力”，转向关注文化、价值观、影响力、道德准则、文化感召力等无形的“软实力”。从党的十六大到十七大，民族精神的弘扬、和谐社会的构建，以及生态文明建设等一系列与提高文化软实力相关的时代重任被一一提上日程。文化是民族的血脉，是精神的家园。“提高国家文化软实力”不仅是我国文化建设的一个重点，也是建设和谐世界思想的重要组成部分。2012 年 11 月召开的中国共产党第十八次全国代表大会，通过了关于《中国共产党章程（修正案）》的决议：大会同意将生态文明建设写入党章并做出阐述，使中国特色社会主义事业总体布局更加完善，使生态文明建设的战略地位更加明确，有利于全面推进中国特色社会主义事业。《体育事业发展“十二五”规划》将“加强体育文化建设”作为体育发展的一项基本原则，提出要深入挖掘体育的文化内涵，提升中国体育的软实力，通过体育促进建立健康、科学、文明的生活方式，塑造积极、健康的社会价值观和大众人生观，充分发挥体育在建设社会主义先进文化中的作用和功能，让体育成为社会主义先进文化的传播者和创造者，成为时代精神的倡导者和先行者。

作为美国体育文化重要组成部分的啦啦队运动，经过一百多年的历史沉淀，已经从原始的呐喊助威演变为现在竞技赛事的重要组成部分，成为一种独特的运动文化。啦啦队运动是一项具有独特魅力和广泛影响，集竞技性、艺术性、观赏性和娱乐性于一体的新兴运动项目。啦啦队运动源于原始部落时期战士们狩猎凯旋时人们给予欢呼及鼓励的动作，19 世纪 80 年代在美国大学校园里得到发展。经过短暂的国际间传播与交流，啦啦队运动不仅在美国的大中小学广泛开展，在世界其他国家也如火如荼地传播开来。但是它的成型、演变、进化和发展都是在美国文化的孕育下完成的，因此它承载了美国体育表演艺术的发展历程，体现了不同时期的经济政治对美国体育文化的影响。啦啦队运动传入我国的时间不长，但发展迅速，受到社会各界的广泛关注。1999 年，中国第一支专业舞蹈啦啦队——由汪慧峰和黄月红创办的 NaNa Team 在上海成立，成为外界公认的中国男子篮球职业联赛（CBA）冠军啦啦队。随后上海呐钠文化传播有限公司成立，并致力于传播中国的啦啦队文化和精神，发展中国的啦啦队产业。2006 年确立了呐钠的口号——Cheer For You，把只为竞赛加油的啦啦队带入企业。2001 年，中国大学生健美操艺术体操协会（CSARA）将啦啦队运动中的技巧啦啦队从美国引进中国，在广州举办的首届全国大学生啦啦队大赛获得了空前成功，使中国亿万青少年也可以享受啦啦队运动带来的无限乐趣。同年，代表中国技巧啦啦队运动最高水平的赛事“中国学生动感啦啦队锦标赛”成功举办，之后该赛事除 2003 年外每年举办一届，从此，啦啦队运动在中国全面展开。

相比啦啦队运动的技术，此领域的理论研究还十分滞后。国外学者普遍从运动医学及生理生化的角度研究啦啦队运动，国内学者大都从中国啦啦队运动的历史沿革与发展现状、技术与编排、组织与训练、竞赛与运行机制等方面进行研究。近年来，文化软实力的提出使得一部分中外学者开始从文化视野研究啦啦队运动，但无论是成果的数量还是质量都有很大的上升空间。啦啦队运动的发展与美国文化息息相关，每个阶段的发展状况与美国阶段性的社会环境关系密切。中国啦啦队运动自引进到现在，受到中国特有文化环境的影响，其发展并不尽如人意。作为人类生态学的分支学科，文化生态学充分考虑了人类社会所特有的自然和人文因素，认为人与自然、人与人、人与社会、人与政治以及人与经济等的相互作用产生了文化，并导致了文化的变迁。除此之外，文化生态学分析了各种文化环境和生态现象对文化的作用和影响以及文化对环境的反作用。从文化生态学的视角研究美国啦啦队运动的发展，不仅能详细剖析啦啦队运动与文化生态环境的关系，了解美国啦啦队发展的有效途径，更能从中国的文化生态环境中找到适合我国啦啦队运动发展的有效路径。只有宏观地把握和谐社会和生态文明建设的目标和中美两国的体育文化背景，才能更清楚地把握啦啦队运动的发展，使之更好地为构建和谐社会与发展生态文明做出应有的贡献。

1.2 研究综述

1.2.1 文化生态理论及与之相关的体育运动的研究

1.2.1.1 文化生态理论的相关研究

文化，广义的理解是指人类社会历史实践过程中所创造的物质财富和精神财富的总和。它包括物质文化、制度文化和心理文化 3 个方面，其中物质文化是一种可见的显性文化，而制度文化和心理文化属于不可见的隐性文化。狭义的理解则是社会的意识形态以及与之相适应的制度和组织机构。

生态（Ecology）一词源于古希腊，原意指“住所”或“栖息地”。1866 年，德国生物学家 E. 海克尔最早提出“生态”和“生态学”的概念，并在其所著的《普通生物形态学》一书中做了详细说明。简单地说，生态可以理解为一切生物的生存状态以及它们之间与环境间环环相扣的关系。生态学的产生最早也是从研究生物个体开始的，如今，生态学已渗透到各个领域。“生态”一词涉及的范畴也越来越广。文化生态理论包括两个方面：一个是文化人类学，研究文化与环境的关系；另一个是文化哲学，研究文化的具体形态。国外关于文化生态的问题侧重于文化人类学的视角，主要探讨人类文化与其所处的自然环境的关系。自 20 世纪 50 年代美国文化人类学家朱利安 · H. 斯图尔德（Julian H. Steward）提出“文化生态学”概念以来，文化生态学理论得以不断充实和完善。文化生态学是一门将生态学的理论方法和系统论的思想应用于文化学研究的新兴交叉学科，研究文化的生成和发展与其自然环境、社会环境以及文化环境的关系。文化社会学家司马云杰先生在文化生态系统结构模式图中清楚地呈现出，文化生态学除研究文化对于自然环境的适应外，更主要的是研究影响文化发展的各种复杂变量间的关系，特别是价值观念、社会组织、经济体制和科学技术对社会主体的影响。伴随全球政治经济一体化步伐的加快，文化生态受到严重威胁，中国对和谐社会和生态文明建设更加重视，因此文化生态学的理论和方法引起学术界的日益关注。

朱利安·H. 斯图尔德（Julian H. Steward，1955）认为，文化与其生态环境相互影响和作用，互为因果，不可分离。文化生态学是对社会适应环境进行研究，环境适应是文化生态学的全部基础。罗伯特·M. 亚当（Robert M. Adams，1956）、莫里斯·E. 奥普勒（Morris E. Opler，1956）、莱斯利·A. 怀特（Leslie A. White，1957）分别对文化生态学创立的渊源进行了阐述，他们认为，虽然斯图尔德的文化生态学为当代社会人类学做出了重大贡献，但任何科学要得到发展都必须能被广泛推广并被概括成一套哲学体系，在这点上，当时的斯图尔德做得还不够。20 世纪 80 年代以后，文化生态学逐渐成熟，从仅被美国人类学家关注逐渐扩大到被全世界诸多学科领域研究，除人类学家和生态学家外，教育学、社会学、传播学、工程学和经济学科的学者也纷纷投身于文化生态学的研究中。赖瑞·格罗斯曼（Larry Grossman，1981）用文化生态学理论来研究经济发展，他提出，与传统方法相比，文化生态经济发展观在人类与环境的关系中揭示了一个更复杂的变化过程。文化生态学强调资源利用模式和生产的研究是人类和自然环境重要的连接部分，指导我们关注与经济有关的生存系统。卡尔·S. 齐默勒（Karl S. Zimmerer，2006）从文化生态学和政治生态学视角研究新地域环境的保护和全球化，探讨了如何利用国际组织和欧洲非政府组织来扩大全球环境保护工作，以及如何运用文化生态和同一范畴的政治生态来扩展多元的地理环境。艾斯特（Esther）等（2008）以来自博茨瓦纳的案例进行研究，探讨青少年发展是如何受特定的文化（博茨瓦纳）和特定的生态状况（猖獗艾滋病毒流行该国）影响的。此案例的研究拓展了我们对青少年发展传统观念的思路，包括教学、研究和实践的认识。潘艳等（2007）在对朱利安·H. 斯图尔德的文化生态学译文中文化生态学的基本思想进行了较全面的阐述。文化生态学认为社会是对周围环境适应的产物，文化生态学的研究即考察社会对其环境的适应过程。但文化生态学并不等于传统意义上的“环境决定论”，它还同时考虑除环境之外其他因素对社会的影响，而且它认为社会与环境之间是双向的互动关系。

国内关于文化生态理论的研究尚处在初始阶段。2003 年以后，国内学者开始关注文化生态学，相关研究主要分成以下四类：人类与社会学界、地理与景观学界、城市规划与建筑学界、其他学界（包括文学、艺术、信息与媒体、旅游、体育等），其中以人类与社会学界的研究最多。我国文化生态学的奠基人冯天瑜提出文化生态的3个层次：自然环境、经济环境（包括工具、技术、生产方式等）和社会制度环境（包括各种社会组织、机构、制度等结合而成的体系）。在文化生态这一统一的系统中，自然的、经济的、社会的诸生态层面不是各自单线影响文化生成的，而是通过组成生态综合体，共同提供文化发展的基础，决定文化的大略格局和走向，最后他运用这三个层次分析了中华文化生态。杨文乐（1993）就斯图尔德的文化生态学理论做了阐述和分析，从人类文化与生态环境入手，探讨了人类文化进化与自然、生态和环境之间的适应关系，阐述了文化生态学理论与方法，指明了文化生态学的理论和现实意义。他认为斯图尔德企图将复杂的文化现象直接与生态环境挂钩，从物质技术上考虑其存在和发展的原因及其功能，这就将复杂的社会文化现象看得过分简单化了，所以他建议对文化生态学理论做批判性地吸收和借鉴。骆建建等（2005）概述了斯图尔德创立文化生态学的渊源，澄清了它与生态人类学之间的关系，概括了斯图尔德的3个核心观点，并结合其他一些人类学家的研究对其理论做出了适当的评论。石群勇（2008）阐述了斯图尔德文化生态学的核心观点，即明确提出文化的多线进化理论，全面阐释了文化生态学的基本思想，提出了“文化整合水平”的重要概念。虽然人类与社会学界对文化生态理论的研究较多，但是也有学者从地理与景观学的角度出发对文化生态学进行研究。邓辉（2003）对伯克利学派创始人卡尔·苏尔的学术思想和学术实践做了系统的分析和总结，提出指导苏尔学术实践活动的核心思想是文化生态学思想，强调文化景观与生态环境之间的有机联系，重视文化景观的发生学或历史地理学的研究。相比之下，运用文化生态学对城市规划与建筑学界的研究较少，但还是有学者很早就引进文化生态学对其进行研究。薛求理（1995）引入了克·埃布尔（Chris Abel）理论，认为文化的多样性对人类进化起到重要作用，在广大第三世界建筑发展中具有重大的指导意义。近年来，其他学界借助文化生态学进行本领域的研究成果逐渐增加。唐家路（2005）认为，研究民间艺术的文化生态，即对民间文化的价值观念、自然环境意识、生活方式、造物观念、信仰观念、技术因素、民间社会组织形式，以及文化的时空发展等内容进行研究，不仅可以全面整体地认识民间艺术，协调民间艺术文化生态各要素之间的关系，更重要的是认识民间艺术的生存与发展状态，谋求对民间艺术以及传统文化的传承和可持续发展。

通过以上的分析可以看出，自美国人类学家斯图尔德提出文化生态学的基本理论后，越来越多的学者开始关注此理论并逐步把它运用到其他学科，文化生态理论也逐渐丰富起来。国外早期的研究主要以评价斯图尔德的理论为主，即使有一小部分学者发表了自己的见解，但也很难开拓思路。1999 年在吉隆坡召开的“文化生态学国际讨论会”上，改变了过去局限于某几个领域的现状，呈现出多国家和地区、多学科合作的景象，科研成果不断创新且实用价值较高。相比之下，虽然文化生态学理论进入我国时间不长，但是近年来研究的领域与范围也在不断扩展，研究对象从文化、文化结构、文化生态的构成发展到文化的交流、文化的传播与多样性等文化发展过程的研究。结合文化生态学理论对区域文化的产生、构成、影响因素、发展趋势以及策略等展开分析与研究，且更加重视实证研究。学者们在文化全球化背景下对如何保持民族文化的特色问题提出了自己的宝贵建议。但相比人类与社会学界和地理与景观学界的研究成果，城市规划与建筑学界以及其他学界的研究还较为落后，缺乏系统的理论架构和研究，仅有的也只是停留在理论上，缺少对某一具体事物的文化生态研究。

在众多学者对文化生态之理解的基础上，笔者认为文化生态就是一个文化发展的动态结构。在这个结构中，每个历史时期、每个文化节点内部以及每个文化节点都与其所处的整个文化生态环境发生着生态关系。这种生态关系相互作用并环环相扣，共同作用着整个文化生态系统。啦啦队运动文化处在美国文化生态系统中，在啦啦队运动文化发展的过程中，价值观念、社会组织、经济体制以及科学技术与啦啦队运动文化本身息息相关，相互影响、相互制约。因此，本书所研究的美国啦啦队运动的文化生态就是基于这样的概念和理论来建构的。

1.2.1.2 文化生态学视角下体育运动的相关研究

查阅文化生态理论与体育运动的相关研究发现，国内外运用文化生态理论对体育相关领域进行研究的成果较少，只有一些学者利用社会生态和人类学知识进行研究。国内运用文化生态学来研究体育以少数民族体育和传统体育项目为主。

从国外的相关文献来看，有的学者指出不能只重视体育运动的技术发展，更要重视它的科学研究，尤其是体育运动的文化生态研究。布莱恩·斯图达特（Brian Stoddart，1990）从文化和经济学的视角指出了未来高尔夫运动研究的方向，分别是环境因素、高尔夫的国际化和经济以及社会参与。由于高尔夫运动所需的土地和水的特殊自然条件，它已迅速成了一个环境问题。全球化的经济模式改变了传统的高尔夫参与状况、所有权和装备生产。以上的3个方向有明显的交叉和社会连锁效应，这能给高尔夫运动在体育社会学领域里提供一个良好的研究环境。有的学者运用文化生态理论相关知识发现了现存体育教育或体育活动开展的问题，然后根据此理论提出解决的办法。克莱夫·C. 波普（Clive C. Pope）和玛丽·奥·沙利文（Mary O'Sullivan）（2003）考察了发生在学校午休和校外社区环境下“课外体育活动”的生态学。他们发现，学生受影响的社会力量主要来自技术较好的男性黑人篮球运动员。虽然有少数学生在这种情况下茁壮成长，但大多数只是勉强适应或被边缘化。这种环境意味着体育与学校文化受到了更广泛的社会影响。例如，课外体育活动需要一个更民主、更丰富的教学法，只有这样才能达到我们想要的高度。还有一些学者从生态或任务结构视角来分析高效的体育教育课程特点。马克·H. 兹穆迪（Mark H. Zmudy）等（2009）描述了在校外环境下，一个机构组织的探险教育夏令营的实验，分析了户外运动与拓展教育者在不同的环境下让受试的中小学生完成五项任务系统的异同。实验中的五项任务系统与传统的体育教育模式类似，但都有创新的地方。研究的目的是通过实验以及数据收集统计分析在不同的文化生态环境中如何提高体育教育者的教学效果以及体育教育课程质量。由此可见，虽然文化生态理论产生于美国，但运用此理论研究体育领域问题的研究还较少，尤其是对特定的文化生态环境中一个体育项目的产生和发展过程以及如何变迁等没有研究。现存的研究也只是把文化生态相关理论如人类学或社会生态学等运用到体育教育的研究中。

国内有关文化生态与体育运动结合的文献较少。陈彦（2000）提出了体育的发展影响着环境，环境决定或制约着体育的健康协调发展。体育赖以生存的环境包括自然环境（体育赖以生存的硬环境）和社会人文环境（体育赖以生存的软环境）。自然环境影响和制约着体育社会的运行和发展，影响着体育运动需求的内容，影响着体育社会活动和体育交往的规模。社会人文环境指的是体育文化环境以外的社会人文环境。社会人文环境影响和制约着体育社会意识、体育价值观念。体育运动与环境的协调发展将是永恒的主题。

国内学者运用文化生态理论对体育运动进行的研究大多是关于民族传统体育方面的，如少数民族体育运动或者武术项目。万义（2011）运用田野调查研究方法，以文化生态学为理论支撑，采用质的研究模式，分析由传统走向现代进程中村落传统体育的文化生态结构、文化生态变迁、生态传承方式、生态发展困境及生态修复机制等问题，探寻村落少数民族传统体育发展的生态模式。研究结果表明，村落少数民族传统体育是一种民俗事项。村落少数民族传统体育的发展不仅与体育自身的发展有关，还要具备与社会主义市场经济相一致的生态结构，形成与社会文化高度发展相协调的运行环境，建立适应现代化社会需求的生态修复机制，营造以少数民族传统体育发展为核心的文化生态村，这样才能实现少数民族传统体育的可持续发展。闫艺等（2011）运用文献资料、田野调查、系统研究等方法从文化生态学的视角对新疆维吾尔族传统体育文化变迁进行了研究。研究结果表明，自然生态环境的变化导致了维吾尔族传统体育文化在物质层面上的变迁；社会生产和生活方式的变化导致了维吾尔族传统体育文化在制度层面上的变迁；维吾尔族传统体育项目的传承方式和外来体育文化的冲突导致了维吾尔族传统体育文化在精神层面上的变迁；研究提出了保护和传承维吾尔族传统体育文化的发展策略。除了少数民族体育外，大多数学者运用文化生态理论研究武术运动。李吉远等（2009）阐述了我国关于“文化生态”提出的背景以及传统武术在当代的尴尬境遇，指出对传统武术的传承与保护，要注重全方位、多层次的整体性保护，不能人为地割断传统武术与生态环境及文化整体的关系；要注重传统武术传承的“本真性”“活态性”及“人本性”，真实、全面、活态地保存并延续传统武术的历史信息及全部价值，并要防范“伪传统武术”；要加强传统武术的地域文化生态环境及传统武术传承的师徒传承制度和“口传心授”方式等传承文化空间保护，传承人是传统武术文化空间的核心。王红芳等（2011）在文化生态视野下，对民间武术拳种的价值开发进行了探讨，通过分析得出，尽管民间武术拳种生存和发展的文化生态空间在不断发生嬗变，但其仍然具有现代社会发展所需的功能：防卫功能、休闲功能、维护民族文化生态功能，同时进一步提出民间武术拳种价值开发原则和开发策略。杨建营（2010）通过回顾人类文明及武术的发展历程，分析了生态文明发展趋势下竞技武术的困境，从学校武术教育领域和大众健身领域两方面提出了改革设想，并指出武术发展必须顺应人类文明发展的总趋势。

近年来，也有一部分学者从文化生态的角度对大众体育、休闲体育和区域体育进行研究。陈琦等（2010）借鉴文化生态学的理论与方法，对南部沿海区域大众体育发展进行研究，分析了南部沿海特殊的文化生态环境，指出南部沿海区域休闲体育、学校体育和体育产业的发展均与该区域文化生态环境密切相关。体育之乡的形成就是体育在发展过程中与区域文化生态环境相适应的产物。王菁（2010）从南部沿海区域独特的文化生态环境入手，指出文化生态环境不仅影响着经济与社会的发展，也影响着休闲体育的发展。该研究以文献研究为主要方法，在对命题中“休闲体育”概念的使用加以说明的基础上，尝试性地对南部沿海区域休闲体育现状投以文化生态学的分析视角，最后提出了发展南部沿海区域休闲体育的几点思考。张宏等（2010）在总结了我国南部沿海区域文化生态特点的基础上，应用文化生态学的研究视角和相关理论，构建了一个包含体育物质、体育经济、体育社会和体育文化 4 个维度的南部沿海区域体育可持续发展评价指标体系，并把 15 个指标分成了发展和协调 2 类指标，分别给出了 2 类指标和总体可持续发展水平的评价方法。

近年来，虽然越来越多的学者开始把文化生态学的理论引进到研究体育领域的问题，但是运用文化生态学知识研究体育艺术类运动的文献屈指可数。蒋炳宪等（2011）运用文化生态学理论工具阐释了瑜伽的起源与发展，认为瑜伽肢体活动和意识形态的起源与发展依存于古印度特定的自然、社会环境及其变迁，瑜伽哲学体系的全球化传播并不能简单地用文化生态学解释。向勇（2003）依据文化生态学、心理学、社会学、管理学、体育学以及教育学等有关理论，运用体育系统工程的相关研究方法，对作为体育文化之一的健美操文化与高校“文化生态圈”之间的关系进行研究，研究它与高校校园文化融合的过程中是否具有互动及互动的程度，并对此进行了定量和非定量研究。

通过以上的分析可以看出，国内运用文化生态视角研究体育运动的文献主要针对的是少数民族体育和民族传统体育，并且大多数研究只是简单地把文化生态理论迁移到体育领域，没有结合体育文化的特色。一些对于休闲体育和大众体育的研究也仅仅局限在某一个地域，存在严重的失衡。此外，大部分研究只是提出了宏观的理论性建议或者策略，对指导实践的意义有限。对于近年来尤其是高校开展较好的体育艺术类项目，如健美操、啦啦操、社交舞、瑜伽等，与文化生态理论结合的研究几乎是一片空白。

1.2.2 啦啦队运动的相关研究

1.2.2.1 国外研究现状

啦啦队运动诞生于美国，虽然已有100多年的历史，但是关于啦啦队运动的研究起步较晚，无论是文献还是数据都较少。对于啦啦队运动到底只是一项简单的活动还是一项体育运动，德本戴特（1987）认为，它是介于体操和舞蹈之间的一项复杂的运动。尽管很难对它进行归类，但是文章把啦啦队运动概括成是要求力量和柔韧的一项有氧运动，它符合一项体育运动的标准。国外关于啦啦队运动的文献主要从两个视角切入：一是把啦啦队运动作为体育来研究；二是把啦啦队队员作为运动员来研究。把啦啦队运动作为体育来研究主要从啦啦队运动损伤着手，包括啦啦队运动的受伤形式、部位、特征以及预防和处理等。弗雷德里克·O. 缪勒（Frederick O. Mueller，2009）提出美国近20多年来啦啦队运动损伤事件数量增长迅速。数据显示，医院急诊室接待的病患中，啦啦队运动员从1980年的4954例增长到2007年的26786例，15.1%的患者是头部和颈部受伤。2007年以前有98%的病患可当时被治愈或病情得到减轻，可是2007年有221位啦啦队运动员住院治疗，217位转院治疗，4位留院观察。文章分析了损伤数量增长迅速的原因并提出如何降低啦啦队运动损伤。布伦达·J. 希尔兹（Brenda J. Shields）等（2009）指出啦啦队受伤率逐步上升的现状，表明这项运动对女性伤害较多。虽然啦啦队运动损伤较多，但大多数是可以预防的。

在把啦啦队队员作为运动员的研究中，一部分学者把他们与其他运动员生理机能及身体素质进行对比。托马斯（Thomas）等（2004）从生理剖面的健康状况研究美国高校啦啦队队员的生理机能和身体素质。在对力量、肺活量、体脂等测试和数据分析之后，认为相比于其他项目的大学生运动员，啦啦队队员与他们不相上下，且有高水平的身体素质，获得了较高的测试得分。另一部分学者从啦啦队运动员的心理特征进行研究，芬肯伯格（Finkenberg）研究了啦啦队比赛中运动员的认知、躯体状态焦虑和自信等特征，发现啦啦队运动员的认知和躯体状态焦虑之间有显著相关性，而认知、躯体状态焦虑和自信三者之间呈负相关。克利夫顿（Clifton）等（1994）对啦啦队运动中性别与自信的关系做了剖析，发现啦啦队运动员对完成他们认为适合自己性别的动作时都表现出较高的自信，男性在做托举和翻筋斗类动作时表现出比女性更多的自信，而女性在做操化动作、跳跃以及舞蹈动作时表现出较强的自信。

综上所述，国外对啦啦队运动的科学研究中有很大一部分是在探讨啦啦队运动损伤及预防，另一部分是研究啦啦队队员的生理、心理或饮食状况，还有一小部分试图描述或定义啦啦队运动。这个领域的科学研究不仅数量很少，而且研究视野不开阔，大多数学者是采用实验法或观察法收集数据后进行分析得出结论的。对于啦啦队这一运动项目本身的研究几乎是空白。

1.2.2.2 国内研究现状

1.2.2.2.1 对啦啦队运动历史沿革及发展现状的研究

徐中秋等（2007）对啦啦队文化的起源和现代啦啦队的起源及其发展演变过程进行了较为详细的概述，并探讨了啦啦队运动在我国的发展。该研究认为，虽然啦啦队运动在我国处在萌芽阶段，与美国、日本以及欧洲一些开展较好的国家相比还存在一定的差距，但我国啦啦队运动有很大的发展潜力。张庆如（2010）对啦啦操运动的历史变迁进行了阐述，深入解析了啦啦操运动的成员性别、文化、表现形式的变迁，对其特征也进行了阐释，并把啦啦操运动特征分成外显性特征和内隐性特征进行论述，有利于人们更加全面地了解啦啦操运动并促进该项运动的深入发展。针对啦啦队历史沿革的研究不多，这两项研究让人们更好地了解啦啦队的起源发展，为今后的研究奠定了基础。

除对啦啦队运动历史沿革进行研究以外，目前国内关于啦啦队运动发展现状的研究成果是最多的。张庆如等（2011）对我国啦啦操组织机构和竞赛开展现状进行分析，主要对竞赛规则的颁布与实施以及历届啦啦操赛事参赛队伍进行数据统计，发现我国啦啦操发展存在的问题并提出今后的发展对策。孙铁民等（2005）对我国啦啦操运动项目的开展情况及现状进行分析，指出目前我国啦啦操项目在两广地区的高校开展得较普及，从参赛队伍的整体实力和教练员水平看，呈南强北弱之势。研究提出该项目适合于各类学校，还应在中学推广和普及，同时通过研究找出了存在的问题，并提出了未来发展的一些建议。还有的学者对某个地区或者高校的啦啦队运动现状进行调查。张晓瑛（2011）以浙江省首届体育大会啦啦操比赛为研究对象，分析该省啦啦操运动开展现状，研究啦啦操运动在该省发展滞后的原因并提出推广啦啦操运动的对策和建议。熊萍（2010）对武汉地区 8 所高校啦啦操运动开展现状进行了调查研究和分析。结果表明，武汉地区 8 所高校啦啦操运动开展的时间过短，普及程度不高，缺少专业的教练员人才，啦啦操队缺乏正规系统的训练，舞蹈啦啦操是武汉地区高校啦啦操运动发展的重点内容。该研究旨在解决制约武汉地区高校啦啦操运动发展的根本问题，找出一条适合武汉地区高校啦啦操运动健康、稳定发展之路，以期对啦啦操运动发展起到一定的促进作用。目前，国内对啦啦队运动发展现状的研究虽多，但很多研究只简单地描述了现状，提出的建议也较为抽象，这样的研究对于指导我国啦啦队运动的开展意义不大。

1.2.2.2.2　对啦啦队运动技术与编排的研究

一些学者从啦啦队运动的技术方面进行研究，有的仅对啦啦队运动这一个项目进行研究，有的则把啦啦队运动与其他体育艺术类相关项目进行比较研究。赵杰（2011）根据啦啦操运动训练实际，运用现场观摩等方法，围绕翻腾、托举、抛接、金字塔等技巧啦啦操的难度动作，分析反映在协同配合、核心稳定和多角色等方面的基本技术特征，分类并透视技巧啦啦操的平衡、保护、翻转和抛接等基本技术，为相关从业人员提供技术参考和研究思路。张丽君（2010）把艺术体操、健美操和啦啦操这“三操”项目起源、发展、技术特征的共同性和差异性进行比较分析研究，使学生能够更清晰地认识这几个项目的特点，在认识中培养其兴趣，提高鉴赏力，进而选择一项自己喜欢并适合自己的项目。

还有一部分学者对啦啦队运动的音乐、动作编排等进行探讨。黄楚姬（2003）对啦啦操的编排进行了研究，把啦啦操动作的编排原则分为健身与激情性、独特性、实践性和音乐与动作吻合性，提出了一套创编成功的啦啦操成套动作的结构特点应遵循的要求，并分别对开始、主体和结束部分做了较详细的描述。赵秋爽等（2004）对啦啦队的音乐和动作的选编进行了较为深入的探讨，阐述了我国高等学校啦啦操创编考虑的因素及其具体内容，并在此基础上提出了具体的创编方法。文章指出，充分把握啦啦队的动作特点是创编的基本方向；掌握竞赛规则是音乐和动作创编的主要依据；动作的直接表现者是音乐和动作创编的制约因素；外在的环境因素是音乐和动作创编的影响因素。

针对啦啦队运动技术与编排方面的研究，许多学者分析了啦啦队运动的特征，提出了具体的编排方式，为相关从业人员提供了一定的参考。但是这部分的研究创新性不足，一些内容较雷同并相对陈旧，对于编排也阐述得较为笼统，没有具体问题具体分析。

1.2.2.2.3 对啦啦队运动组织与训练的研究

吴永钧（2011）指出，技巧啦啦操项目相对其他体育项目来说具有更大的复杂性，因此合理有效地进行该项目的运动训练，唯一有效的途径是建立一个系统的训练管理、训练内容、训练计划框架。训练系统化理论既是我国技巧啦啦操竞技水平发展的内在动力，也是技巧啦啦操训练安全的保障。

杨任荣（2008）认为，手臂动作是啦啦队运动区别于其他运动项目的主要标志之一。从规则对手臂动作的要求和评分比例来看，手臂动作在成套动作表演中处于重要的地位，对成套动作的完美完成起着重要的作用。啦啦队运动员在平时训练中应注重手臂动作训练，并用简单的图示和文字描述具体的训练方法。

陈松等（2012）指出，对技巧啦啦操底座运动员的上肢、肩带、腰腹和下肢进行专项力量训练可有效提高其专项能力、托举难度和稳定性。

王皓（2007）认为，优美的基本姿态、良好的体能、舞蹈基本功、表演能力、音乐理解能力、应用口号和道具的能力等是舞蹈啦啦队运动员所应具备的素质。运动员的训练应包括基本姿态、体能、舞蹈基本功、表演能力和音乐理解能力训练 5 个方面。

国内关于啦啦队运动训练方面的研究，一部分从理论的角度对啦啦队运动训练进行了分析；另一部分用生动的图片和简单的文字进行了训练方法的详细描述。但总体来说，关于这部分的研究还较少，这无疑阻碍了啦啦队运动在我国的健康发展。

1.2.2.2.4 对啦啦队竞赛与运行机制的研究

由于啦啦队运动首先在高校开展，因此，多数学者以高校啦啦队竞赛作为研究对象。常蕾（2007）指出，我国校际间的啦啦队竞赛已初具规模，但因啦啦队运动在我国起步较晚，国际大型赛事举办较少，很多方面与世界高水平国家相比仍有差距。目前，国内对啦啦队运动的理论研究较少，举办各种啦啦队竞赛缺乏先期理论的指导。该研究构建了我国啦啦队的竞赛分组体系，分析了我国啦啦队运动竞赛组织运行程序。

李遵华（2007）认为，我国高校啦啦队竞赛已经形成了较为稳定的竞赛模式，竞赛水平有了较大的提高。但存在教练员带队参赛次数少，创编技术水平较低；啦啦队评判员队伍评判级别结构不够合理；高校啦啦队运动开展地区不均衡；啦啦队赛事的组织和宣传力度不够；训练条件差、竞赛缺乏市场化运作等问题。

综上所述，我国针对啦啦队竞赛与运行机制的理论研究仍停留在初级阶段，明显滞后于项目技术的发展速度。此外，我国啦啦队技术的发展缺乏统一的理论指导，仅有的一些研究也大都借鉴其他运动项目竞赛与运行机制的理论。

1.2.2.2.5　啦啦队运动与运动生理、运动心理结合的研究

国外关于体育项目与运动生理、运动心理结合的研究较多，对于啦啦队运动也不例外。国内针对这个领域的研究不多，尤其是对于啦啦队运动的研究更少。但近年来，也有些学者开始尝试从运动生理和运动心理的视角来研究啦啦队运动。郑瑾等（2012）对受试者进行 12 周的技巧啦啦操训练，在训练前和训练后分别对健康体适能的各项评价指标进行测试，结果表明，长期坚持系统的技巧啦啦操训练，可以改善女大学生的健康状况，能有效提高女大学生的健康体适能水平。

施正雄（2012）采用实验法对 116 名女大学生新生进行了为期 12 周的啦啦操教学实验，以检验啦啦操训练对女大学生新生的心理健康和社交焦虑的影响。研究结果表明，啦啦操教学之后，被试者的心理健康水平有显著提高，而社交焦虑水平则显著降低，社交焦虑的变化和心理健康部分维度的变化之间存在显著正相关。研究认为，啦啦操训练可以有效地促进女大学生新生的心理健康和改善其社交焦虑。

刘屹峰（2009）探讨了啦啦队运动对大学生情商的培养作用，指出了目前大学在情商教育方面存在的常见问题，并以热情奔放、魅力四射的啦啦队运动作为切入点，从竞争能力、了解他人和与人沟通的能力、承受困难和挫折的能力、自我调节和控制能力等方面培养和提高大学生情商。

1.2.3　与啦啦队运动相关的体育文化研究

对于文化的本质内涵，不少哲学家、社会学家、人类学家、历史学

家和语言学家一直努力，试图从各自学科的角度来界定文化的概念。然而，迄今为止，“文化”仍没有获得一个公认的、令人满意的定义。据统计，有关“文化”的各种不同的定义至少有200多种。《中国大百科全书》把文化定义为：文化是人类社会实践过程中所创造的物质财富和精神财富的总和，包括人们的生活方式，各种传袭的行为，信仰、观念和价值等意识形态，以及与之相适应的制度和组织形式。在学术界，普遍流行的是广义文化和狭义文化。《辞海》中对文化的定义为：广义指人类在社会历史实践中所创造的物质财富和精神财富的总和；狭义指社会的意识形态以及与之相适应的制度和组织机构。作为意识形态的文化，是一定社会的政治和经济的反映，又作用于一定社会的政治和经济。但也有一些学者对这种划分质疑，刘伟（1998）认为文化就其本质而言，是人类适应环境、主宰环境的一种群体的综合性行为能力。将文化做广义与狭义之分，将广义文化等同于文明，只能加剧文化学研究中的混乱。广义的文化学，或者像某些人所讲的那样称为文明学，与其说是文化学，还不如说是各门科学的大杂烩。广义的文化史，与其说是文化史，还不如说是传统的历史学。广义的文化概念，难以为现代科学体系增添新的内容，也难以引导科学的文化研究。西方关于文化的概念同样存在这样的争论，英文culture、德文kulture均来自拉丁语cultura，最初译为农业中的栽培和耕作。《牛津词典》中把文化定义为“人类能力的高度发展，借训练与经验而促成的身心发展、锻炼、修养；或人类社会智力发展的证据、文明，如艺术、科学等”。古斯塔夫·亚霍达（Gustav Jahoda，2012）总结了文化内涵的演变以及学者们对于文化和文明区别的探讨，分析了近年来西方学者对于文化定义的三种分类。第一种认为文化是外部的，它是一种潜在的假设变量，我们只能通过其表现形式来衡量它。它不表现在个人的思想和行动中，是个体以外的事物。第二种认为文化是内部或内外部的结合体。文化作为思维、感知和与人交往的知识网络，它关系到个人的种族和国籍，通过复杂的符号和社会组织机构，使社会成员之间形成可沟通的共同基础并代代相传，不断完善。第三种则认为文化是多种定义的组合。

中国的体育文化研究兴起于20世纪80年代中后期。北京体育学院卢元镇于1986年发表的《体育运动的文化学断想》一文开始引发了一场体育文化研究热潮。关于中国体育文化研究，有的学者对其概念和学科理论进行了研究。尼克·阿莱克塞博士主编的《体育运动词汇》

(1974）把体育文化界定为“广义文化的一个组成部分（领域)，它是各种利用身体练习来提高人的生物学和精神潜力的范畴、规律、制度和物质设施的总和”。易剑东（2006）认为体育文化是体育实践过程中那些遵循、遗传、创造的各种方法和途径。体育文化既不是文化与体育活动的简单结合与相加，也不是文化在体育领域的机械体现和作用。体育文化是社会文化在体育活动中表明的一种独特的文化形式，其内容与形式、结构与功能都有着特殊的规定性和表现形式。席焕久（2002）认为“体育”作为一种对人自身的“人化”，一开始就是超越本能和自然的实践活动。在这种活动中，人既是活动的客体，又是活动的主体，体育本质是文化。确切地说，体育文化是介于物质文化和精神文化之间，或广义文化和狭义文化之间的“中义文化”。熊晓正（1987）认为“体育文化”不应当是对体育科学或体育社会现象的概括，不应当是一个学科群的概念。体育文化是以体育意识为其研究对象，以揭示价值观念为核心的文化选择趋向对体育演进的影响为其研究目的，介于文化学与体育学之间的交叉学科。卢元镇（2003）认为，体育文化是关于人类体育运动的物质、制度、精神文化的总和，大体包括体育认识、体育情感、体育价值、体育理想、体育道德、体育制度和体育物质条件，一般包括体育物质文化、体育制度文化和体育观念文化 3 个层次。由此可见，明确提出体育文化的概念与学科的人较少，这不仅显示了我国体育文化研究还未达到足够形成学科的程度，也说明了研究者对体育文化本身的认识还不够深入和完整。

啦啦队运动属于体育与艺术相结合的运动。目前，国内外关于现代体育艺术类项目如健美操、艺术体操、体育舞蹈、花样滑冰、花样游泳等的文化研究较少，啦啦队运动的文化研究亦是如此。玛丽·埃伦·汉森（Mary Ellen Hanson，1995）指出啦啦队作为美国大学体育教育的源头，已经成为美国文化的主要组成内容。此研究开创了啦啦队运动与美国文化关系研究的先河，探讨了啦啦队从 19 世纪末的起源到现在的演变及其文化意义、价值和特征。埃里森·伊莲·赖特（Allison Elaine Wright，2012）指出啦啦队队员的性别和权利的表现方式与美国青年流行文化和肢体文化关系紧密。啦啦队运动的发展不仅受美国流行文化的影响，也与现代运动产业化和商业化息息相关。

由于啦啦队运动起源于美国，因此国内一些学者着重研究如何使啦啦队运动与中国传统文化完美融合。徐宝丰（2009）以 2008 北京奥运会体育展示现场啦啦操表演为例，探讨了啦啦队运动与中国传统文化和基本精神（包括整体意识、爱国主义精神、“刚健有为”“自强不息”的精神“天人合一”“以人为本”的精神等）的融合，认为世界文化是多种文化的集合体，加强我国传统文化和啦啦操运动的结合能更好地继承和发扬中国传统文化，使之成为世界文化的一部分。卢晨曦（2007）把啦啦队文化结构分为精神层面、制度层面和物质层面，并从这3个层面比较了中美竞技啦啦队文化，试图借鉴美国竞技啦啦队的一些先进经验，结合我国实际情况提出一些新思路和对策，提供一些有意义的参考，从而加快我国竞技啦啦队的发展。这些研究虽然在一定程度上分析了啦啦队运动与中美文化的关系或比较出了中美啦啦队文化的异同，但只是宏观地分析和简单套用文化结构的3个层面来研究啦啦队文化，并没有透彻地分析出此项运动特有的文化特征及内涵。仅张庆如（2009）对啦啦队运动的基本理论如啦啦队的书写形式、释义和分类、啦啦操运动的特点等进行研究，探析了啦啦队运动文化溯源及体育赛场啦啦队活动价值、组建、管理和组织运行模式，并以北京奥运会篮球比赛啦啦队表演与彤康看台啦啦队活动为个案进行分析讨论。

国外学者从运动损伤及生理生化的角度对啦啦队进行了研究，但对啦啦队运动的文化起源和发展以及对其文化特征进行研究的较少。国内学者虽然从各种不同的角度对啦啦队运动进行了初步研究，但毕竟啦啦队运动在我国的起步较晚，理论滞后于实践。对于啦啦队运动本身的文化研究较少，相关研究中没有详细剖析啦啦队运动发展与其文化生态环境的关系。鉴于以上思考，本研究拟以《美国啦啦队运动的文化生态研究》为题展开研究。

1.3 研究意义

在其他学者的研究基础上，本研究探讨了文化生态理论在体育运动项目中的应用，是对文化生态学理论的丰富和发展；除此之外，对啦啦队运动文化做了一个全方位的梳理并把它纳入文化生态理论体系。研究探讨了啦啦队运动的文化生态系统，力求全方位多角度地理解啦啦队运动文化与文化生态环境中各因素的关系，认识啦啦队运动文化的价值和发展趋势，提升对啦啦队运动文化的理论认识，从而为我国啦啦队运动文化建设做好理论铺垫。

1.4 研究创新点

1.4.1 理论和方法的创新

以文化生态学的基本理论和方法建构对一个具体体育项目——啦啦队运动文化的研究体系，是本研究最大的创新点。两者的结合，为啦啦队运动文化研究提供了一个新的视角，一方面丰富和扩展了文化生态学的具体应用领域，另一方面也深化了对啦啦队运动文化的理论研究。通过对啦啦队运动发展脉络的归纳总结以及各个时期啦啦队运动文化与美国文化生态环境中各要素的相互影响的探讨，实现了对啦啦队运动文化的整体的、动态的、系统的观察和研究，从而使啦啦队运动的研究从体育层面扩大为整体生活层面。另外，田野作业法和问卷调查法等方法的应用，扩大了文章的资料来源，增强了文章的说服力。

1.4.2 观点的创新

在文化生态理论和方法的基础上，本研究的观点创新包括：将啦啦队运动历史源流的介绍纳入文化生态学的视野，揭示啦啦队运动的存在形态与整个美国文化生态环境的关系。除此之外，不同的自然环境和文化生态环境孕育了不同的艺术特质，探讨啦啦队运动文化与美国其他文化因素如何融合、共同发展。

2 研究对象与方法

2.1 研究对象

研究对象为美国啦啦队运动文化。

2.2 研究方法

2.2.1 文献资料法

笔者查阅了国内外大量权威性的相关文献、书籍和学术论文等资料，了解了国内外文化生态理论的缘起以及发展研究，掌握了有关啦啦队运动的发展概况和最前沿的研究现状。书面检索资料主要来自国家图书馆、北京体育大学图书馆、美国俄亥俄州立大学图书馆等。网络检索除了访问中国知网数据库、国家体育总局中国体育信息网、中国体育在线网以外，还检索了美国俄亥俄州立大学图书馆及美国网络文献检索系统等各种不同类型的数据库，包括 ERIC、EBSCOhost、SportDiscus、Physical Education Index、Google Scholar、Academic Search Complete 等。搜集西方原版著作与论文，并进行翻译和校注，对相关资料进行了收集和分类整理，为本研究提供充实的理论依据。

2.2.2 系统研究法

文化生态学借鉴了系统论的思想和方法，注重以整体、联系、动态发展和层次的观点进行研究。本研究试图运用这些观点，把啦啦队运动及其文化放到大的环境背景中加以研究，对美国文化生态系统下啦啦队的发展进行多层次的系统研究。

2.2.3 问卷调查法

对美国俄亥俄州立大学啦啦队，包括哥伦布主校区和利马、曼斯菲尔德、玛丽恩、纽瓦克 4 个分校区的啦啦队队员 187 名、教师 75 名、学生 178 名、访问学者 46 名、工作人员 14 名，就啦啦队运动损伤和啦啦队是否是一项体育运动的相关内容进行问卷调查。

“啦啦队是否是一项体育运动”问卷发放 313 份，回收 313 份，回收率 100%，有效问卷 313 份，有效率 100%。

“俄亥俄州立大学啦啦队运动损伤”问卷发放 187 份，回收 187 份，回收率 100%，有效问卷 187 份，有效率 100%。

2.2.4 专家访谈法

依据本研究所需要的研究内容，笔者走访了美国俄亥俄州立大学体育活动和教育服务院系教授、啦啦队相关组织管理人员和教练员，就美国啦啦队运动的起源与发展、组织与管理、训练与参赛等情况进行访谈。

2.2.5 个案研究法

本研究以美国不同时期具体的啦啦队为例进行个案研究，深入了解啦啦队运动的缘起、发展状况、未来趋势以及与美国不同地域、不同时期的自然环境、社会人文环境间的相互关系。

2.2.6 田野作业法

为亲身感受啦啦队运动文化，笔者实地调查、观看了俄亥俄州立大学哥伦布主校区和利马、曼斯菲尔德、玛丽恩、纽瓦克 4 个分校区以及俄亥俄州哥伦布市的都柏林杰罗姆、都柏林称夫曼、哥伦布格罗夫、上阿灵顿、希利亚德布拉德利 5 所高中啦啦队的教学、训练、选拔、比赛以及啦啦队在橄榄球、篮球、冰球等比赛中的现场表演，并对俄亥俄州与啦啦队发展相关的自然环境、人文环境和社会环境等进行较全面的观察与记录，获得较丰富的口头信息和图片资料。

2.3 技术路线

本研究的技术路线见图 2－1。

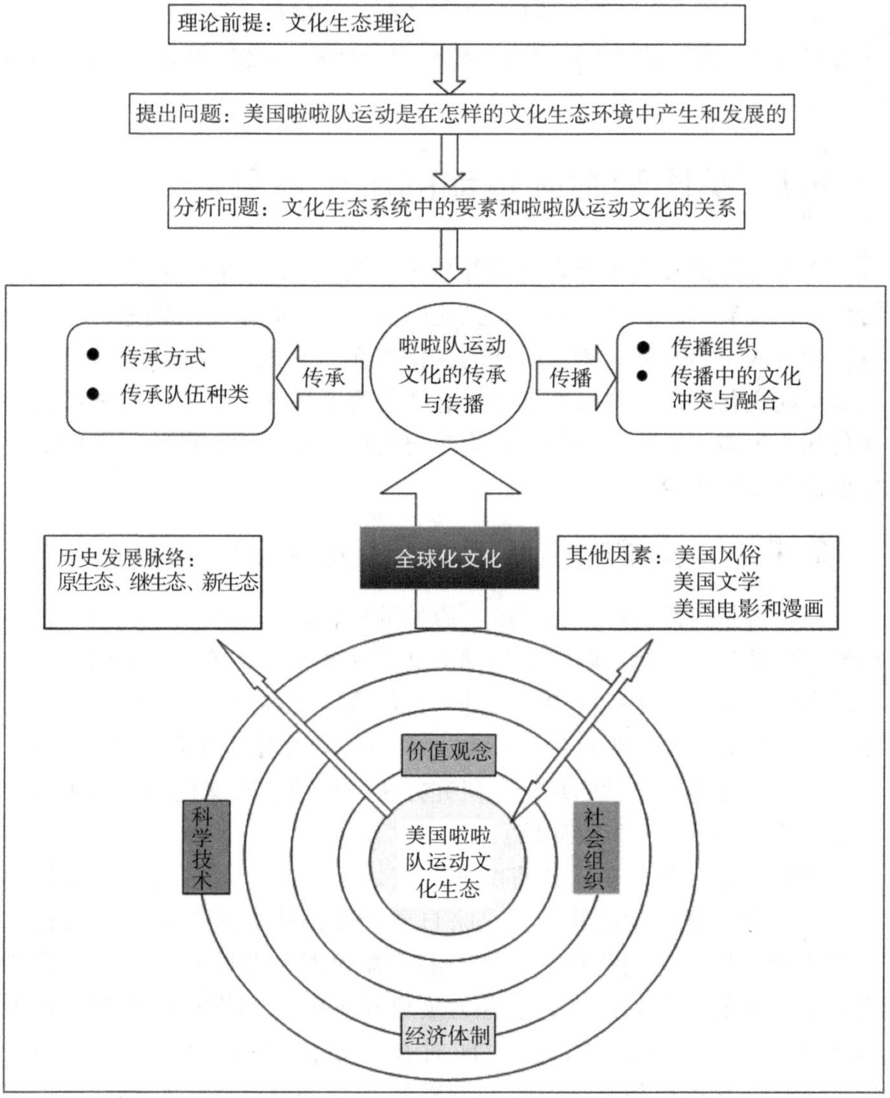

图 2－1　技术路线图

3 结果与分析

3.1 美国啦啦队运动的历史发展脉络

作为美国体育文化重要组成部分的啦啦队运动，在一百多年的发展历程中，既有对啦啦队运动原始文化的继承，又有革新与创造，在这个过程中融入了美国社会不同时期的文化内涵，形成了具有美国特色的啦啦队运动文化生态。本研究依据生态学之生态概念，以美国啦啦队运动文化的原生态、继生态和新生态为历史发展脉络，为啦啦队运动的历史发展研究提供理论支撑。

3.1.1 美国啦啦队运动原生态的研究

原生态是指没有经过加工的、原始的文化或艺术形态，反映一种文化或艺术的最初面貌。啦啦队运动的文化和艺术是在美国特定的、长期的社会发展以及文化碰撞中产生的。这就决定了啦啦队运动本身及其文化的最初状态，与产生这种文化和艺术的社会文化生态环境紧密相连。本研究依据文化生态学的理论和研究方法，从原生态文化源头入手来探讨啦啦队运动的历史发展脉络。

啦啦队运动作为美国体育文化代表之一，其雏形可追溯到原始部落时期。啦啦队运动的雏形正是来自原始部落中族人为激励外出打猎的战士和庆祝战士们狩猎凯旋给予的手舞足蹈的欢呼和鼓励，这类舞蹈具有强大的社会内聚力，这种力量也随着时空的推移传承到了啦啦队运动文化中。族人在舞蹈的同时会自发地敲击鼓、棍、棒、竹、铃、木片、葫芦或拍打手掌形成不同的音调和音色来进行伴奏，运用各种鲜明且不断变化的节奏来控制整场舞蹈的发展和变化。与此同时，族人还会加工美化各种诸如兽皮、贝壳、羽毛、种子等道具用作舞蹈装饰。例如，在胸前挂上贝壳链以突出上半身的起伏和蠕动；在腰间系上草裙或动物皮毛以夸大胯部的摆动和旋转等。除此之外，在某些传统的宗教舞蹈中，人们常戴上面具或全身绘制代表本民族象征的花纹或图腾来舞蹈。这样的装扮既有装饰和美观的作用，又具有吉祥和驱邪的含义。在舞蹈的进程中还时常伴有歌唱或呼喊以抒发情感、增添舞蹈的气氛。

由此可见，啦啦队在原始部落中对凝聚族人的精神和意志起到重要的作用。与此同时，啦啦队运动原始形态所包含的音乐、舞蹈、美术以及图腾等文化元素，丰富了啦啦队运动文化的内涵，有利于人们对啦啦队运动文化的认可，增强了啦啦队运动文化的生命力。

3.1.2 美国啦啦队运动继生态的研究

从 1869 年第一次有记录的欢呼开始，美国啦啦队运动从原始的自发行为转变为有组织的团体活动，美国啦啦队运动文化也随之进入了继生态阶段。

3.1.2.1 啦啦队运动继生态的生成：看台助威阶段（1869—1922 年）

1869 年 11 月，第一场校际橄榄球赛由新泽西的罗格斯大学对阵普林斯顿大学。在这场比赛中，一群普林斯顿的观众以及校园里的居民自发为运动员欢呼。这次欢呼开创了啦啦队运动的先河，成为历史上第一次有记录的欢呼。在继生态的生成期，啦啦队运动主要开展于比赛看台，因此这一阶段称作看台助威阶段。

3.1.2.1.1 由自发性的个人行为发展到有组织的团体活动

早期的呼喊者和啦啦队队员都是未上场的运动员，当他们不在赛场比赛时，便会在场边自由呐喊。早在 1869 年罗格斯大学对阵普林斯顿大学的橄榄球赛上，普林斯顿大学的观众和居民自发欢呼道：“Ray, ray, ray! Tiger, tiger, tiger! Sis, sis, sis! Boom, boom, boom! Aaaaah! Princeton, princeton, princeton!” 19 世纪末 20 世纪初，啦啦队运动主要是由个别男性志愿者站在看台前面带领观众进行欢呼，比赛双方的啦啦队队员以及大多数的观众身着成套服装，头戴长礼帽，挥动手臂以激励球员。但直到 19 世纪 90 年代，以普林斯顿大学毕业生托马斯·皮布尔斯（Thomas Peebles）为首的一些大学生才提出并推行在橄榄球比赛中进行有组织呼喊的理念，并正式把啦啦队队员命名为“cheerleader”，也被叫作“rooter king”“yell leader”“yell king”“yell master”或“yell marshall”。

1898 年，明尼苏达大学的毕业生约翰·坎贝尔（Johnny Campbell）在一次橄榄球比赛时站在观众面前带领他们为母校明尼苏达大学运动员呐喊助威，成为第一个啦啦队欢呼的组织者。自此，约翰·坎贝尔坚持带领他的“队呼小组”成员站在场边为明尼苏达橄榄球队欢呼了 40 年。这次呐喊被记载在明尼苏达大学由学生发行的 *ariel* 刊物上。约翰·坎贝尔成为第一位正式的啦啦队队长。这次欢呼对啦啦队运动发展有着重要的转折意义，也标志着啦啦队运动的正式诞生。自此，啦啦队运动逐渐由自发性的个人行为发展为有组织的团体活动。

3.1.2.1.2 啦啦队运动依附于美国高校橄榄球运动

从 1869 年美国第一场校际橄榄球赛开始，啦啦队运动就与橄榄球运动紧密联系在一起。橄榄球运动是美国社会的主流体育运动，啦啦队是为橄榄球队加油助威而组建起来的。从二者的关系来看，啦啦队是附属于橄榄球运动而发展起来的。

20 世纪初，随着橄榄球运动技术的发展使该项运动变得十分危险，相关报道称：仅在 1905 年一个赛季的比赛中就有 18 人死亡、149 人受伤。当时的美国总统西奥多·罗斯福为了迫使大学重视他对比赛安全问题的担忧，甚至威胁高校若不做改善就会迫令国会立法将橄榄球运动定为联邦罪行加以取缔。1906 年，美国校际体育协会为橄榄球运动和美国高等教育之间架起了一座桥梁。1910 年，美国校际体育协会改名为美国大学体育协会，即现在的 NCAA（National Collegiate Athletic Association）。橄榄球运动的制度化为高校的管理和课程制定提供了依托，使高校体育的作用发生了改变。20 世纪后期，体育课程正式进入高校，除了聘请专业教练员作为学校教职员工、建立联盟、安排比赛时间表、提供参加比赛的奖学金外，学校还组织了仪仗队和啦啦队来协助比赛，学校对体育的正式控制改变了曾经不属于高校管辖范围内的体育比赛。自此，橄榄球运动不再被看作是不受管理的男大学生自发组织的休闲运动，它被拥护者宣传为青年社交活动的价值体现和促进社会和谐、进行爱国主义教育的最好表达方式。经过这样的波折之后，啦啦队运动发展继续依附美国高校橄榄球运动的发展。

3.1.2.1.3　啦啦队运动在中小学校园中逐步发展

中学阶段的美国学生运动文化和体育活动是与大学并行发展的。20世纪之前，高中阶段是为大学精英教育做准备的阶段，因此只有一小部分美国青少年进入高中学习。美国内战结束后，其总体的社会制度发生了改变，奴隶制的废除给美国社会带来了强大的发展动力，也为其带来了广阔的发展空间，促使美国社会政治、经济、文化以及教育都发生了质的飞跃。社会制度的变革导致社会不同领域制度的改变。19 世纪，联邦教育管理制度的出台使得教育管理制度得到确立和完善。20 世纪早期，儿童劳动法的颁布以及义务教育年限的延长使美国高中成为大众化的教育阶段。到 20 世纪 30 年代，已有 60% 的美国适龄青年进入中学学习。中学入学率的上升使专业教育工作者重新定义了中学教育的根本任务，即朝着实用化的方向发展，注重实用的实践性培训。

美国高中体育始于 19 世纪，学生自发地组成社团组织、安排比赛、管理资金、聘请教练员，到 19 世纪 90 年代，在学生组成的社团组织中，橄榄球的风靡程度与大学已经并驾齐驱了。1893 年，查理斯 · W. 埃利奥特（Charles W. Eliot）出任哈佛大学校长时提倡开设诸如“希腊语、拉丁语、数学、写作和演讲”等古典主义课程，为接受高等教育的学生做准备。相反，全国教育协会中等教育改组委员会 1917 年发表的《中等教育的基本原则》中认为，中学教育应面向所有适龄青年，应为那些未能进入大学学习的低收入和中产阶级学生服务。此原则的目标是建立综合性的高中以发展学生的职业能力，教授他们形成应对现代生活必备的社会价值观。例如，在高中教育阶段，不同种族的学生参与诸如竞技体育、社会活动等公共体育课程时，学校会向他们反复灌输“社会凝聚力”的理念。中等教育当局也曾拿出强有力的势头来指导学生生活的各个方面，其中也包括体育运动。20 世纪的前 20 年，高中教育工作者创建了遍及各个州的校际体育组织来管理竞赛，并和大学一样开设了体育课和相关的学生活动课。同样地，高中效仿大学的竞技体育，也有了啦啦队队长、啦啦队队员、乐队和欢呼队员。与大学不同的是，公立中学女生参与的竞技体育运动也同样得到啦啦队的支持，格特鲁德 · 莫里森 1914 年在其发表的文中描述说男性啦啦队队员为中央高中的女篮欢呼。到了 1950 年，全美大部分的高中设立了啦啦队，此项运动在高中广泛开展并扩大到初中和小学。

3.1.2.2 啦啦队运动继生态的发展：表演和看台助威并存阶段（1923—1977 年）

第一次世界大战后，美式橄榄球改变了纯男生的啦啦队结构，女生开始加入啦啦队的行列，事实证明这是一次非常伟大的变革。由于最初的啦啦队队员由男性组成，跟着乐队演唱来为队员加油成为传统模式，因此早期女性啦啦队队员继承这一模式，并在 1929 年加利福尼亚大学洛杉矶分校的橄榄球赛上首次亮相。此后的 20 年，唱歌逐渐与舞步合为一体直至完全被取代。随着活跃于啦啦队运动的女大学生逐渐增加，在此项运动中纳入了更多的元素，如麦克风道具、纸质彩球、体操动作以及场边队员利用跪地、跳跃等动作进行欢呼等。这些元素的加入使啦啦队运动更具表演性和观赏性，与此同时，啦啦队运动展现的平台也不局限在看台上，开始进入比赛场地进行表演，因此这一阶段称作表演和看台助威并存阶段。

3.1.2.2.1 大学啦啦队队员性别专制观念被打破

1920 年，美国宪法第十九条修正案正式被通过，修正案规定禁止任何美国公民因性别因素被剥夺选举权，并使美国妇女获得了梦寐以求的参政权，改变了两性关系不平等的现状，女性开始逐渐加入体育运动。

20 世纪 20 年代，美国高校学生分别成立诸如兄弟会和妇女联合会这样的社团组织来抗衡彼此。妇女联合会提倡妇女的教育和进步以及高标准的教育工作，并拥护提高美国及其他国家妇女权利的决定。这样转型期的文化生态环境促使大学女生开始加入参与体育运动的行列。1923 年，在首个啦啦队成立半个多世纪，明尼苏达大学女生成功加入啦啦队，成为啦啦队运动历史上极具转折和代表的一年。同年，得克萨斯州圣安东尼奥三一大学女性参与啦啦队的模式成为史上一个典型案例。三一大学的啦啦队由 15 名男性队员和 15 名女性队员以及一名男性啦啦队队长组成。1925 年，此啦啦队发展成 12 名男性队员和 22 名女性队员，一名女性队长和一名男性助理队长。1929 年，该队由 29 名男性和 28 名女性组成，其中包括一名男性队长和一名男性、两名女性助理队长。这种大型团体模式一直持续到 20 世纪 30 年代，啦啦队领队中同时拥有男性和女性的结构成为其特色。

3.1.2.2.2 啦啦队协会和训练营的成立

美国国家啦啦队协会（National Cheerleaders Association，NCA）成立于 1948 年，由啦啦队运动的鼻祖劳伦斯·何其莫（Lawrence Herkimer，外号“Herkie”）创建。此协会是首个聚集多个地区啦啦队队员并由专业指导者教授新技巧的组织。1949 年，NCA 在萨姆休斯敦州立大学开办了第一个训练营，对 52 名女生进行了培训，由一名英语教授纠正欢呼的措辞和学员的发音，一名体育教师教授基本的体操技术，劳伦斯则负责啦啦操本身的教授。此训练营成为各地啦啦队观摩学习的平台，训练营的成功举办使得次年参与人数达到 350 人。与第一年不同的是，劳伦斯在 1950 年的训练营中聘用啦啦队队员代替英语教授和体育教师作为指导者，并且他还在当地大学创办了为期一周的培训班。

1951 年，劳伦斯把培训班作为全职工作。除了训练营之外，每学年他还开设周末短期训练课。随着 NCA 的不断发展和完善，劳伦斯为不同类型的学校定制了适合他们的训练营和培训班。他发明的 Herkie 跳步动作（图 3－1）丰富了啦啦队运动的表演内容，使得啦啦队运动的风潮席卷全美。

图 3－1 Herkie 跳步动作

3.1.2.2.3 高校啦啦队运动开展的制度化

到了 20 世纪 20 年代，高校啦啦队运动已从非正式旁观者的欢呼活动发展成正式的课外活动。通过课外活动这一重要途径，高校啦啦队运动开始向制度化方向迈进，对选拔、组织、训练和监管的各个方面进行系统安排。

1924年，斯坦福和普渡大学开设啦啦队运动课程。课程内容包括由学校教师和橄榄球教练员教授的翻腾技巧、群众心理学以及教练员期望效应等。正式机制的不断完善决定了啦啦队运动的参与者是谁、他们如何学习欢呼、他们如何表演以及他们如何表达各自的学校特色等。教育工作者把啦啦队运动定义为课外活动，并赋予其特定的教育价值和社会价值。啦啦队队员需具备良好的体育道德和纪律作风、较强的团结合作能力和领导才能。作为学校学生中的领袖和代表，啦啦队队员必须品学兼优，并得到学校和社会的认同。啦啦队运动逐渐成为具有指导教练、学校俱乐部和学校运动队的混合体，参与者的比赛资格、组织章程、书面行为规范、队服的设计、费用预算与支出、训练和表演以及技能提升的时间保障成为这个系统的组成部分。

3.1.2.2.4 民权法案的颁布丰富了啦啦队成员的组成

美国是一个多族裔的移民国家，其多元文化中的种族问题一直是极富争议的话题。1865年的南北战争为黑人带来自由，但是黑人的社会地位仍然较低。许多南方的州实行种族隔离政策以使“黑人不会跨越界限”。1870年，美国宪法第十五条修正案规定，禁止联邦或州政府根据公民的种族、肤色或以前曾是奴隶而限制其选举权，为黑人提供合法的公民权和平等的法律保护。

啦啦队运动相关的种族问题主要反映在大学的制度背景和学校生活上。20世纪早期，大学为更多女性和中产阶级的学生提供了进入学校以及参加课外活动的机会。但黑人学生仍因种族问题只能进入大专院校学习，大多数黑人运动员和啦啦队队员直到种族隔离解除后才被允许进入大学和公立学校学习。1954年，美国最高法院的“布朗案”宣布种族隔离政策是违宪的，决定公立学校里不能实行种族隔离政策。这一案件是美国宪政史上联邦最高法院审理的最有历史意义的案件之一，对于公民受教育权的促进有着特殊意义，对美国改变种族不平等具有重要贡献。1964年，民权法案规范了美国境内不得采取种族隔离，也规定对黑人、少数民族妇女的歧视性视为非法。民权法案结束了美国自建国以来长期的黑白种族隔离政策，使不同肤色、种族、宗教信仰的人得到了融合。在这样的社会背景下，黑人运动员被白种人所在的大学接受，促进了大学和公立学校种族隔离的消除。民权法案的颁布给黑人加入啦啦队运动奠定了基石，为啦啦队运动的发展带来了新的机遇，为其迅速发展提供了广阔的空间。

3.1.2.3 啦啦队运动继生态的价值

啦啦队运动继生态看台助威阶段的生成以及表演和看台助威并存阶段的发展使得此项运动成为美国体育文化不可或缺的一部分，并在美国社会文化中体现出它的价值。

3.1.2.3.1 蕴含多元和谐的价值取向

啦啦队运动的产生和发展并不是一个孤立的社会现象，它与价值观念、社会组织、法律制度以及文化背景等紧密联系。在文化生态环境多种因素作用下，人们在自己已有的价值观基础上，面对啦啦队运动的产生和发展持有自己的基本价值态度并表现出基本的价值取向。从社会哲学领域来看，和谐是体育文化发展到一定状态的结果，是体育的核心价值。继生态阶段各种文化得到前所未有的广泛认同，加之美国多元的文化因素影响强烈冲击着啦啦队运动，造就了其文化蕴含多元的价值取向。这种多元的价值取向是社会进步的表现形式，是啦啦队运动文化不断丰富的标志，价值取向的多元推动了啦啦队运动的不断发展。

3.1.2.3.2 丰富美国体育文化的内涵

体育文化是美国民族文化的一个重要组成部分。啦啦队文化作为美国体育文化体系中的亚文化，推动了美国体育文化的多样性发展。在继生态阶段，啦啦队运动的创造群体以及他们所具备的思想、观念和品质造就了啦啦队运动独特的文化特征。啦啦队运动文化在不断继承和创新的过程中增强了比赛的观赏性，给观众带来美的享受，促进了体育运动成员的团结和稳定，为社会注入了活力，丰富了美国体育文化内涵。随着直接和间接参与者数量的不断增加，啦啦队运动在美国体育运动中的地位越来越高，社会影响力也不断提高，成为美国体育文化中不可或缺的重要组成部分。

3.1.2.3.3 促进美国体育经济的发展

在继生态阶段，作为新兴的体育运动，在项目建设和市场开发中，啦啦队运动的发展改变了人们的消费结构，促进了与啦啦队运动训练、表演和比赛相关的各种类型消费资料的生产和支出。啦啦队运动协会的成立促使了训练营、培训班和各类竞赛的举办。这不仅可以直接获得经济效益，而且可以壮大传媒业、广告业等一系列相关产业。原本附属于美国高校竞技体育的啦啦队运动逐渐脱离出来，开始向制度化方向迈进，啦啦队运动产业的出现与发展也拓宽了美国体育领域的新视野，促进了美国体育经济的迅速发展，啦啦队运动逐步成为美国体育产业中的重要组成部分，在美国体育经济的发展中起着越来越重要的作用。

3.1.2.3.4　满足社会大众的观赏需要

最初的啦啦队运动以简单的口号配以单一的动作为主，随着文化生态环境的改变，啦啦队运动的不断发展以及球员和观众需求的变化，看台助威阶段的啦啦队运动逐步被更具表演性质的歌唱和舞步等形式取代。在观赏高水平比赛的同时，人们更愿意观看女性队员拿着麦克风、纸质彩球完成各种跳跃、翻腾等体操动作的呐喊助威方式。这不仅调节了紧张对抗的比赛气氛、调动了观众情绪，而且使人们得到了美的享受。啦啦队运动风格的不断创新、技术的不断提高、口号的不断改进以及队员装扮的不断改变，满足着社会大众不断提高的观赏需要。

3.1.2.3.5　激励人的团结合作精神

啦啦队运动的起源就是为了激励运动员进行比赛，从本质上体现出在体育运动中不同组织或团体的社会成员为了共同的目标而团结奋斗的行为特征。可见，啦啦队运动的文化本质是协调运动员的行为和凝聚运动员的精神。因此，啦啦队运动是团结合作的典型表现，每一声呐喊助威、每一个竞技技巧、每一场精彩的表演或比赛都是这种团队精神的集中表现。

3.1.3　美国啦啦队运动新生态的研究

20 世纪 70 年代到 80 年代，美国出现了战后最严重的经济危机。通货膨胀使美国整个社会的文化生态环境发生了巨大变化，严重影响了美国的政治制度、经济政策、价值观和文化。经济的萧条、文化的转型、媒体的增殖等使整个社会呈现出多元化和多样化的发展态势。1978 年，美国奥林匹克委员会（USOC）被国会正式授权主管美国奥运会运动员的培养工作，为美国竞技体育的发展提供了有力保障。同年，全美大学生啦啦队比赛首次被美国哥伦比亚广播公司（CBS）的体育频道在全国范围转播，使啦啦队运动正式迈进竞技体育行列，朝着竞技化方向发展。

3.1.3.1 啦啦队运动新生态的生成：竞赛发展初期阶段（1978—1997 年）

20 世纪 80 年代既是现代啦啦队运动的萌芽期，也是啦啦队运动竞赛发展的初期阶段。许多高难度的特技和体操技巧融入啦啦队运动基本训练。各啦啦队协会开始推行安全准则，并为教练员开办安全教育培训。1987 年，美国政府认可的安全教育机构——美国啦啦队教练和指导员协会（American Association of Cheerleading Coaches and Advisors，AACCA）的成立将竞技啦啦队运动推向世界。

3.1.3.1.1 啦啦队运动发展中的管理问题

随着啦啦队运动从自发性的个人行为发展成为有组织的团体活动，并且成为一项体育竞赛，啦啦队运动的管理问题也逐渐受到相关组织者的重视。

在啦啦队运动竞赛发展的初期，很多学校的行政管理人员采用书面形式对啦啦队行为规范进行详细的规定，包括啦啦队队员的职责、规章制度、处罚条例等。例如，不按时练习或穿队服时嚼口香糖的啦啦队队员均不得参加下一场比赛；穿队服吸烟者将被啦啦队开除；啦啦队队员需负责装饰看台和球门柱。由于学校的啦啦队变成了一项有组织的活动，因此管理者必须处理预算和资金等问题。一个典型的案例是密歇根的安阿伯高中啦啦队，其早期的经费预算总计仅 54.50 美元，其中 30 美元用于 5 套队服的购买，14.5 美元用于颁发证书进行奖励，剩余的 10 美元用于采购扩音器。随着啦啦队运动经费的增加以及队员参加训练营数量的增多，对队员安全保险的范围逐步扩大，对室内和室外专用队服的要求逐渐提高，这就对经费管理提出了更高的要求。在啦啦队运动的历史上，队伍资金来源主要有自筹和从学校得到财政支持两种。队员通过各种不同的途径自筹资金。1975 年，兰迪尼尔在啦啦队队员手册中建议队员在比赛淡季以出租体操垫、洗车、参加马拉松、拍卖物品以及出售烘焙食品等方式筹集资金。新墨西哥的贝厄德科布雷高中啦啦队则创造了一种为体育精神欢呼的方式并把它制作成录像带推广至整个国家，他们计划用卖录像带的收益支持其啦啦队的活动。可见，在竞赛发展初期，啦啦队运动管理的发展模式是以商品交换为前提，采取以商业化和社会化为主的自我协调管理形式进行运作的。

与此同时，在啦啦队运动竞赛的管理中，资金短缺和药物问题对啦啦队运动发展影响深远。整个20世纪80年代是美国经济政策发生根本性变化的时代。由于20世纪70年代石油危机使美国经济进入“滞涨”时期，不仅经济恢复缓慢而且通货膨胀严重。时任美国总统罗纳德·威尔逊·里根执行新自由主义政策来调整经济使其得以恢复。美国大力发行政府债券、推行私有化，大力削减社会福利，给富人减税，新自由主义虽然使美国经济实现复苏，但是也使美国债台高筑，财政赤字激增。在这样的社会背景下，资金短缺已成为影响啦啦队运动以及其他课外活动最主要因素。另外，啦啦队运动管理中的法律责任和药物测试等也是学校官员关注的问题。1984年，明尼苏达法院给一名在车祸中受伤的高中啦啦队队员200 200美元作为赔偿，这名队员在橄榄球赛前搬运横幅的途中遭遇车祸，法院裁定车祸是学校指定的赞助商未能充分监督啦啦队队员的行为导致的，而监管这一环节应作为活动的一部分定期进行。美国大学体育协会（NCAA）是美国大学体育运动联盟组织兼校际竞赛领导管理机构，其会对被授予体育奖学金的学生进行药物测试以审核其资格。例如，1987年新墨西哥大学啦啦队、吉祥物队和舞蹈队的学生被授予体育奖学金，并接受了体育培训部门的药物使用检测。

综上可见，啦啦队运动的管理是以市场经济为基础的，采取民间主办、官方协助、啦啦队自治的行政管理体制，体现了在国家相关体育组织宏观调控下的啦啦队运动自我协调。

3.1.3.1.2　竞技化对啦啦队运动发展的影响

在文化全球化发展的背景下，美国非常重视向全世界宣传其文化价值观和文化产品。竞技化是全球化环境下体育运动走向世界的必经之路，因此啦啦队运动的竞技化既是美国体育文化发展的需要，又顺应了现代体育的历史发展潮流。1975年，由美国创业者协会推广的竞技啦啦队使得啦啦队运动从简短的大声欢呼过渡到有复杂结构和固定风格的运动，从此竞技啦啦队运动从球场转移到舞台上。

20世纪70年代，美国国家啦啦队协会开始主办全美大学生啦啦队比赛，并于1978年首次被美国哥伦比亚广播公司（CBS）的体育频道在全国范围转播“大学生啦啦队锦标赛”。啦啦队开始作为一项严肃的竞技运动被人们认可，各种啦啦队赛事成为啦啦队文化的重要组成部分。此后，每年的电视转播给予了竞技啦啦队运动额外的动力去创造富有力量、灵敏和速度的竞技风格。1980年，美国第一届全国啦啦队锦标赛的开幕标志着啦啦队运动进入了竞技体育比赛的行列并首次制定了比较规范的啦啦队竞赛规则。此后，啦啦队运动的承办人把竞技比赛扩展到全国中小学和各个地区，啦啦队运动得到进一步发展。图 3－2 是 1985 年国际啦啦队锦标赛后，美国洛杉矶 New Iberia（新伊比利亚）中学 Yellow Jackets（黄夹克）啦啦队队员在展示她们的奖杯和奖牌。

图 3－2　1985 年美国洛杉矶 New Iberia 中学参与国际啦啦队锦标赛

1990 年，全美各州大、中学校都拥有属于自己的啦啦队及团体协会，并建立了专属的啦啦队网站。同时，较完善的竞赛和安全规则以及诸如美国公开赛啦啦队和舞蹈锦标赛（US open championships）、全美啦啦队和舞蹈锦标赛（US national championships）等全国性大赛的开展使啦啦队运动高速发展。参加美国高规格的啦啦队大赛并获得冠军的队伍将享有极高的荣誉。1992 年，NCA 在得克萨斯州的圣安东尼奥主办了有史以来规模最大的高中啦啦队锦标赛，为期 2 天的活动吸引了来自 39 个州 558 支队伍的 7 000 多名参赛者。比赛队伍要求在 4 分钟的成套动作中完成托举、翻滚、抛接、金字塔以及快速队形变换等。裁判根据难度、动作的精确度、队形变换的多样性、编排的新颖性以及技巧的复杂程度等对比赛进行评判，其中队伍的感染力是裁判最看重的。啦啦队夏令营与协会主办的比赛形成一套系统，参加夏令营的队伍能提前准备比赛的成套动作，同时学习新的内容。夏令营中被裁判小组评为最佳的队伍会收到 NCA 全国比赛的邀请，而在夏令营的学习中未达标的队伍则必须参加各个地区的比赛以获得比赛资格。协会主办方把参与夏令营和比赛资格联系在一起，在这个过程中对所有营员推广竞技风格的啦啦队运动。

早期的男性啦啦队要求队员掌握基本的翻腾技术并具备良好的耐力素质。这种传统的竞技特征在学院派男女混合啦啦队以及全女子组啦啦队中继续表现出来。相对于男性，身材小、体重轻的女性队员更易完成诸如三层金字塔、抛接以及托举等技巧。竞技啦啦队中的技巧啦啦队由男、女队员共同组成，而舞蹈啦啦队则全由女性队员组成。早在1963年，体操教练李·坎宁安身为佐治亚州啦啦队的指导教师，要求男队员连续后空翻50码（1码=0.9144米），大多数男性参与者也同时是佐治亚州体操队的成员。而女队员则需在选拔赛前接受为期3周的翻滚以及蹦床训练。啦啦队运动的竞技化使得啦啦队夏令营以及培训班开始教授竞技技巧。1984年，《国际体操》杂志对啦啦队运动3个最苛刻方面的描述分别是：抛接技术（特指男性队员抛接女性队员）、金字塔以及基本技巧。到了20世纪90年代，竞技啦啦队中出现了女性队员抛接其他女性队员的更高难度技巧，如得克萨斯州圣安东尼奥丘吉尔高中女子啦啦队的拿手技巧轿子抛。啦啦队运动的竞技化要求队员经过严格的体能训练并具备良好的专项身体素质以及身体控制技术，因此许多学校的啦啦队开始加入体操训练以带动啦啦队运动的竞技化发展。例如，得克萨斯州圣安东尼奥丘吉尔高中的女子啦啦队在暑假组织集训，在每天两小时的训练前，所有队员需在举重房里进行力量训练以及1英里（1英里=1.609344千米）耐力跑，这种训练能使一名100磅（100磅=45.36千克）的女孩在另一名100磅的女孩身上完成肩倒立等动作。

竞技化使啦啦队运动向标准化及规范化方向发展，促进了啦啦队运动技巧的迅速提高。但是，随之带来的意外伤害事故频发，其竞技形式开始引起相关部门的高度重视。1978年，美国体育重伤记录有关文件中提到："全美每一起永久性的神经损伤（脊髓或脑、致命或非致命）都是由体操事故引起的，其中也包括啦啦队运动。"因此，美国体操安全协会向美国健康、体育、娱乐和舞蹈联合会（American Alliance for Health, Physical Education, Recreation and Dance）以及美国大学体育协会（NCAA）提出了预防措施，如在体育教育以及运动中使用诸如蹦床和小弹网等保证安全的器械来帮助训练。但这项预防措施的效果不尽如人意，如从1979年7月至1980年6月，四例重大伤亡记录中有两例来自啦啦队运动：一名17岁的高中女生在啦啦队训练中从另一名队员的肩上向前翻转落地时颈部折断导致死亡；一名20岁的大学男性啦啦队队员在独自使用小弹网练习时因颈部骨折导致终身瘫痪。虽然类似的这种重伤数量相对较少，但考虑啦啦队运动大量的参与者，在1986年另外两例严重意外出现后，美国加大了对啦啦队运动的安全关注。北达科他州的一名啦啦队队员在练习时，从三人金字塔顶端翻滚至地面时头部严重受伤。一个月后，肯塔基大学一名啦啦队队员在利用小弹网完成前滚翻时颈椎部位落地造成瘫痪。由于担心竞技比赛会促使啦啦队运动特技惊险性的进一步增加，NCA 在 1987 年颁布了安全指南，禁止大部分类型的三层金字塔以及一部分舞伴特技。安全指南中要求保护者站在两层金字塔完成者的前后来帮助尖子队员完成下架动作，还提示啦啦队应购买软垫来保证练习者的安全。尽管 NCA 仅对竞技啦啦队做出规定，但这对一些大学和中小学体育协会限制啦啦队运动危险特技也有一定影响，如对金字塔和自由落地动作的限制等。

由此可见，对啦啦队运动而言，竞技化是一把“双刃剑”。一方面，提高了啦啦队运动的观赏性和比赛评分的规范性，有利于啦啦队运动从一项体育活动向体育赛事转变，为啦啦队文化向全世界传播奠定了基础；另一方面，随着竞技化的发展，啦啦队运动的动作难度也越来越高，随之而来，引发了很多运动员的人身安全问题，为啦啦队运动的进一步发展敲响了警钟。

3.1.3.2 啦啦队运动新生态的发展：竞赛发展普及阶段（1998 年至今）

1998 年，国际竞技啦啦队联合会（International Federation of Cheerleading，IFC）和国际全明星啦啦队联盟（International All Star Federation，IASF）的成立是啦啦队运动发展史上的重要转折点，标志着啦啦队运动进入竞赛发展普及阶段。

3.1.3.2.1 啦啦队运动社会组织的健全

在啦啦队运动发展的继生态阶段，一批啦啦队队员急需培训的需求促使了第一个啦啦队运动社会组织——NCA 的成立。随后，一系列啦啦队相关社会组织开始蓬勃发展并逐步健全和完善。

从表 3－1 可知，美国啦啦队运动 11 个常设协会的成立时间集中在继生态的表演和看台助威并存阶段以及新生态阶段，且 UCA、NCA 等影响力较大的协会均在继生态阶段就已成立。美国啦啦队运动实行协会制的管理方式，全美 60 多家专业的啦啦队协会均独立于政府部门且不受任何政府行政部门的制约，协会主要依靠美国社会的支持对啦啦队运动各项事务及活动进行管理和监控。各协会之间地位平等，可以自由并独立地与啦啦队运动用品或赛事运营公司合作，包括啦啦队运动训练营的开办、啦啦队运动赛事的举办、各协会间啦啦队运动信息的交流等。

2003年，代表世界啦啦队最高水平的组织——美国全明星啦啦队联盟（USASF）成立，并由以上11家主要的常设啦啦队运动协会组成。其宗旨是建立公平统一的竞赛规程和标准，以确保全明星啦啦队运动的安全性，树立啦啦队运动的正面形象。

表3－1　美国全明星啦啦队联盟（USASF）主要协会一览表

阶段划分	成立阶段	啦啦队协会名称
继生态阶段	看台助威阶段	
	表演和看台助威并存阶段	环球啦啦队协会（Universal Cheerleaders Association，UCA）
		美国国家啦啦队协会（National Cheerleaders Association，NCA）
		美国精神协会（United Spirit Association，USA）
		美国国家舞蹈联盟（National Dance Alliance，NDA）
新生态阶段	竞赛发展初期阶段	全美舞蹈协会（Universal Dance Association，UDA）
		美国啦啦队力量（American Cheer Power，ACP）
		精神传递（Spirit Xpress）
	竞赛发展普及阶段	美国啦啦队协会（American Cheerleaders Association，ACA）
		全球精神联盟（World Spirit Federation，WSF）
		精神振奋（Spirit Cheer）
		太平洋西岸联盟（Pacwest）

3.1.3.2.2　体育教育教学模式应用于啦啦队运动教学

美国联邦制的政治制度决定了美国两个或多个分享权力的政府对同一地理区域及其人口行使权力的管理体制。这一体制促使美国高等教育管理体系具有分权和非集中化的特点。在美国高等教育体系中，联邦政府、州政府、民间认证机构以及高等学校自身承担着不同的职责。据美国宪法规定，高等教育由各州负责管理，美国联邦政府对高等教育没有直接管辖权。正是由于美国各州政府拥有实际的教育责权，使得各州出台的管理方式和教学模式各不相同，导致美国各校的体育教学差异较大，所运用的教学模式各异。教学模式可以定义为在一定教学思想或教学理论指导下建立起来的较为稳定的教学活动结构框架和活动程序。作为结构框架，其突出了教学模式从宏观上把握教学活动整体及各要素之间内部的关系和功能，作为活动程序则其突出了教学模式的有序性和可操作性。

近年来，美国相对有代表性的体育教育教学模式主要包括竞技体育运动教学模式、战术比赛教学模式、拓展教育教学模式、个人和社会责任教育教学模式、团体合作教育教学模式、终生体质健康教学模式。体育教育教学模式在啦啦队运动教学和训练中的运用也越来越广泛，尤其是团体合作教育教学模式在现代啦啦队运动教学实践中扮演着重要角色。啦啦队运动的学习过程是以小组活动为主体进行的一种教学活动，它包含大量同伴之间的合作互助内容并以各个小组在达成目标过程中的总体成绩为奖励依据。正是由于啦啦队运动学习所赋予的特点使其教学和训练中运用团体合作教育教学模式更有利于啦啦队教练员分配学习任务、控制教学进程，从而更易达到教学目标。在美国俄亥俄州立大学的校啦啦队中，教练员会明确每名队员的任务分配并设有任务表之类的问责机制。在每次训练开始前，教练员会把所有队员分成几个小组，每组3～5人；然后让队员在任务表中选择任意任务并在指定的时间内完成尽可能多的内容；根据每名队员或每个小组的完成情况如实填写任务表，记录每名队员对小组训练的贡献次数，并向教练员汇报工作情况。每名队员轮番担任“检查员”，其他队员轮流把自己所学的内容教授给其他队员。这样频繁记录以及汇报的问责策略试图确保啦啦队队伍中的每名队员都积极地完成指定任务，避免任何“搭便车者”以及“有能力的旁观者”存在。

3.1.3.2.3 啦啦队活动是否是体育运动的探讨

体育是一种复杂的社会文化现象，在人类发展过程中，体育运动被看作是逐步开展起来的有意识地对自己身体素质进行培养的各种活动。虽然1978年美国大学生啦啦队锦标赛在全美转播后，啦啦队活动开始作为一项严肃的运动被人们接受和认可，然而关于啦啦队活动能否被定义为一项运动引发了来自社会舆论的争论。关于啦啦队训练中出现的损伤、训练时间以及各种竞赛等一系列问题的探讨，使人们对啦啦队活动能否划归为体育运动产生疑问。从世界范围来看，啦啦队活动能否称之为体育运动有来自支持和反对两个方面的声音。

一些赞助美国全明星啦啦队锦标赛的健身房所有者和参赛队伍的教练员团队认为，啦啦队活动已完全符合普遍意义上的体育运动，即主要目标是参加竞赛。他们认为把啦啦队活动看成是体育运动将伴随其社会地位和合法性的提高，对此项运动相关的文化、经济以及社会权利的认知也会相应改变。许多高中、大学的教练员和导师也支持啦啦队活动作为一项体育运动在全美范围开展。因为啦啦队活动能和橄榄球、篮球、棒球、摔跤等运动在同等级别下分享资源，如体育器材设施的使用、资金的分配以及体育奖学金的申请等。目前，已有250所大学给啦啦队运动提供一定额度的经费支持。然而，美国国内提供给大学啦啦队队员的奖学金金额差异较大，比较典型的现象是他们与高校运动队所得奖学金的类型不同。例如，肯塔基大学的啦啦队队员能得到全额奖学金；助阵美国大学篮球赛的啦啦队队员平均奖学金为每学期250美元；2002年全美大学生橄榄球联赛冠军俄亥俄州立大学提供给其啦啦队代表队1 200美元的奖学金；得克萨斯大学奥斯汀分校的啦啦队员一学期能获得100～300美元的奖学金；路易斯安那州立大学的大一啦啦队队员不能获得奖学金援助，到大四可获得2 000美元的奖学金，占所需支付学费的1/2；为男子橄榄球和篮球助威的阿拉巴马大学啦啦队队员，每学期可获得1500美元的奖学金。但是，大多数高校啦啦队是没有奖学金资助的，他们能得到的仅是一件代表学校的队服以及学期末成绩单上为啦啦队服务的标记。相比中学和大学其他运动队教练员的收入和他们实际的工作时间来看，啦啦队教练员的薪酬较少。例如，阿拉巴马大学与环球啦啦队协会签订了一系列合约，为啦啦队夏令营提供场地、设施和服务，作为该校仅次于橄榄球运动队的第二大收入来源的运动队，其教练员在2010年前后全年的薪酬仅有9.6万美元，而阿拉巴马大学同期橄榄球主教练平均年薪高达400万美元，男子篮球队主教练平均年薪为240万美元，女子体操教练员为60万美元。威尔明顿大学啦啦队教练员每月仅有600美元的补贴，爱达荷大学的啦啦队教练员更是由于薪金极低而被认为是志愿者层面的工作。因此，相关人士认为把啦啦队划归为体育运动能为啦啦队教练员带来更多的薪金，为队员带来可观的奖学金，为啦啦队运动争取更多可利用的资源。因为对于美国大学而言，体育是重头戏，校队的票房和电视转播会带来巨额收入，所以美国大学愿意对校运动队和教练员进行高投入的建设，使之为学校带来巨额美元的回报。美国高中的体育协会也支持啦啦队运动作为一项体育运动来开展，认为这是一项经济决策。21 世纪初期，美国 20 个州的高中体育协会已把啦啦队列入学校运动队的行列，其他诸如华盛顿州和伊利诺伊州的一些州立高中也在考虑做出改变。类似于篮球、橄榄球等其他运动项目，各州啦啦队锦标赛的举办能吸引当地啦啦队的参与，而不是只能去其他州参与全国啦啦队锦标赛的角逐这一个渠道。这也意味着需增加企业、州立高中体育协会以及举办锦标赛赞助商的收入。

然而，大多数啦啦队协会和组织、妇女体育基金会、各州的高中体育协会、高中和大学的教练员和体育运动负责人等认为啦啦队活动不应该被归类为一项体育运动。其中，一个原因涉及高中体育运动管理制度，如对训练时间的规定、学生的参与资格、队员完成规定技术的能力以及啦啦队参与全国锦标赛的竞争能力等。另一个原因是对于颠覆教育法修正案第九条（Title IX）的担心。虽然美国民事权利部门曾提出对于啦啦队是否成为运动进行重新考虑，但第九条的指导方针中并未规定啦啦队活动属于一项体育运动。因此，若学校在遵从第九条的条件下向诸如啦啦队的课外活动提供资金并把它看成是一项女性体育运动项目，反对啦啦队活动成为运动的人士则担心像垒球这样的传统女性运动将不被认为是体育运动，并会从学校体育花名册中消除。与此同时，大众也不再关注男性啦啦队队员，而且男女混合的体育运动也并不能完全算作一项女性体育运动。妇女体育基金会认为，啦啦队活动在某种程度上类似于体育运动和体育竞赛，但它是一项课外活动，不应该被认为是一种体育运动。但妇女体育基金会声明，如果啦啦队雇佣教练员并像其他运动队一样进行定期训练，拥有比为其他运动队助威、加油等更频繁的形式，则啦啦队符合运动队的定义，啦啦队活动可以被看作是一项体育运动。环球啦啦队协会反对其被正式认定为一项体育运动，协会更愿意其被归为体育活动的一种。因为这样的划归既能使啦啦队分享诸如乐队、辩论队或合唱队等学校其他活动同等的特权，又能让啦啦队共享体育运动的资源，此举能确保啦啦队拥有来自学校活动和体育运动两个方面的权力。

在关于啦啦队活动是否是一项体育运动的探讨中，本研究对俄亥俄州立大学的 313 名教师、学生、访问学者和工作人员进行的调查（表 3－2）显示，71.6% 的被调查者认为啦啦队运动是一项体育运动。其中学生认为啦啦队活动是体育运动的人数比例最高，为 77.5%。这是因为很多学生在体育俱乐部中亲身参与啦啦队活动，对啦啦队活动作为一项体育运动的认可程度较高。21.1%的被调查者认为啦啦队活动不是一项体育运动，主要原因是这部分被调查者认为，他们看到的啦啦队活动更多的是以球场边场的加油助威方式表现出来的，是附属于其他体育运动的一项体育活动。其余7.3%的被调查者表示不清楚，在这部分人中，大部分人提出只有参与竞技比赛的啦啦队活动才算是一项体育运动，而在球场边场激励球员的啦啦队活动不能算是一项真正的体育运动。

表3-2 啦啦队活动是否是一项体育运动的调查一览表

	教师		学生		访问学者		工作人员		合计	
	人数	百分比/%	人数	百分比/%	人数	百分比/%	人数	百分比/%	人数	百分比/%
是	49	65.3	138	77.5	28	60.9	9	64.3	224	71.6
不是	23	30.7	28	15.7	12	26.1	3	21.4	66	21.1
不清楚	3	4.0	12	6.7	6	13.0	2	14.3	23	7.3
合计	75	100.0	178	100.0	46	100.0	14	100.0	313	100.0

综上可见，在美国对啦啦队活动是否是体育运动的探讨中，一方面反映出要研究啦啦队就要从人、文化、社会、自然等各种变量的交互作用出发研究啦啦队文化产生和发展的规律；另一方面通过美国社会展开的对啦啦队的讨论，虽然在美国对啦啦队活动是否是体育运动存在争议，但是反映出美国社会各界对啦啦队文化的关注，为啦啦队文化的进一步发展创造了良好的文化生态环境，促进了啦啦队文化的健康发展。从现状来看，啦啦队活动作为一项体育运动正在全球范围内蓬勃发展，并受到很多青少年的喜爱，啦啦队运动文化也受到世界各国参与者的逐渐认可。

3.1.3.2.4　啦啦队运动中的损伤

运动损伤是指在体育运动过程中发生的各种损伤，其发生与运动训练、运动项目、专项技术特点、运动环境等关系密切。由于在啦啦队运动中包括大量诸如高抛、人体飞弹、侧翻接、金字塔等复杂的高难度动作，因此在啦啦队运动中，运动损伤成为其不可忽视的一部分。

20世纪70年代到80年代，许多高难度的体操技巧及特技动作融入啦啦队运动的基本训练，使得此项运动带来的损伤问题及相关安全准则的推广工作引起了美国社会各界的关注。虽然这一时期美国体操安全协会向美国健康、体育、娱乐和舞蹈联合会以及美国大学体育协会提出过具体的预防措施，但效果甚微。美国体育重伤研究中心（National Center for Catastrophic Sport Injury Research）记录的第十八个年度报告指出，从1982年到2000年，高中和大学的女运动员遭受由于技术问题引发的直接重伤高达74例，由其他问题引发的非致命的间接重伤达到30例。在高中阶段的50例直接重伤中，有25例来自啦啦队运动，占高中阶段直接重伤的50%；在26例间接重伤中，有3例是由啦啦队运动引发的。在大学阶段的24例直接重伤中，有17例与啦啦队运动相关，占大学阶段女性运动员直接重伤的70.8%。总而言之，1982年到2000年间，啦啦队运动引发的直接重伤达到42例，占所有重伤数量的56.8%。例如，在对美国俄亥俄州立大学啦啦队进行问卷调查的过程中，共调查了69名男性队员和118名女性队员，其中17名男性队员和23名女性队员有不同部位的损伤。女性队员多充当尖子队员，在空中完成技术动作的概率较高，因此其受伤部位多集中在腰部，脚踝和腕部的受伤概率也较高。而男性啦啦队队员主要通过托举和抛接来帮助尖子队员完成动作，因此受伤部位以腕部最多，肩部次之。在俄亥俄州立大学所有的啦啦队队员中，腕部和腰部的受伤概率最高，均达到21.2%。脚踝和髋部，受伤百分比分别为15.2%和10.6%，大腿部位没有队员受伤（表3-3）。

表3-3 美国俄亥俄州立大学啦啦队运动员损伤调查一览表

	头部	肩部	肘部	腕部	脚踝	膝关节	腰部	大腿部	小腿部	髋部	合计
女性人数	2	0	0	5	8	4	10	0	2	7	38
男性人数	1	6	4	9	2	1	4	0	1	0	28
总人数	3	6	4	14	10	5	14	0	3	7	66
百分比/%	4.5	9.1	6.1	21.2	15.2	7.6	21.2	0.0	4.5	10.6	100.0

啦啦队运动逐年对竞技化要求的提高以及技巧、体操和金字塔等动作的增加直接导致了啦啦队女性队员重伤概率的大幅度提高。社会各界对啦啦队运动损伤的关注及言论影响了相关决策。1984年，啦啦队有限公司（Cheer Ltd. Inc.）召开了美国啦啦队会议（National Cheer Conference），让教练员学习啦啦队相关安全知识及实际操作等课程。1987年，美国政府认可的安全教育机构——美国啦啦队教练和指导员协会

（AACCA）成立，并在1990年公布了第一个安全手册。安全手册提供了有关的安全规则以及应用指南，内容允许出现合理范围内的运动风险事故，但不允许出现危及运动员安全的技巧训练。除此之外，美国还成立了负责安全教育训练的组织，还有之后成立的支持性教育联盟（The National Coalition to Support Sexuality Education，NCSSE）等。然而美国联邦制国家的政治制度和分权的最大特点，导致了无论是啦啦队队伍和每场比赛还是各个州对赞助商以及教练员关于安全方面的要求都不尽相同，有关教练员的安全认证也未形成完善的系统。为了缓解这一现象，UCA和美国联邦高中联合会（National Federation of State High School Associations）在2002年对啦啦队运动教练员、指导员及赞助商的安全教育问题进行了合作。此后，其他5个啦啦队有限公司组成国家啦啦队安全教育理事会（The National Council for Spirit Safety and Education），为啦啦队教练员和赞助商提供更详尽的安全标准，进行安全培训并颁发相关的资格证书。

从啦啦队运动引发的运动损伤及其相关事件可以看出，啦啦队运动文化在美国整个社会文化生态系统中发挥其正向功能的同时，也不可避免地表现出其负面功能，甚至有报道称“啦啦队运动成为美国女孩最危险的运动”。这必然对啦啦队运动文化在整个社会文化生态系统中产生消极的影响，这也是美国社会对啦啦队运动质疑的根源所在。因此，啦啦队运动文化生态系统要实现健康、可持续发展，首先要解决的是啦啦队运动员的损伤问题。

3.1.3.2.5 啦啦队运动成为电子游戏的主题

随着啦啦队运动的不断发展，参与啦啦队运动的人数也越来越多。啦啦队运动尤其受到年轻人的喜爱，并且啦啦队运动的风靡受到了电子游戏开发商的关注。

2008年，由美国THQ公司针对女性用户制作的游戏*All Star Cheer Squad*是第一款以啦啦队为主题的体育运动游戏，图3－3是该游戏的界面。在这款游戏中，玩家扮演一名啦啦队队员，在一年的啦啦队生活中，不断地学习啦啦队运动技巧。因此，在这款游戏中，玩家可以体验啦啦队队员不断成长的经历。

图3－3 *All Star Cheer Squad* 的游戏界面

作为一项体育运动，以啦啦队运动为主题的电子游戏富含了啦啦队运动积极向上、团结协作的文化，丰富了电子游戏的文化内涵，促进了电子游戏文化的发展。2011 年5 月9 日，美国联邦政府下属的美国国家艺术基金会正式宣布“电子游戏是一种艺术形式”。电子游戏成为继绘画、雕塑、建筑、音乐、文学、舞蹈、戏剧、电影八大艺术形式之后被人们公认的“第九艺术”。

3.1.3.3 啦啦队运动新生态的发展趋势

啦啦队运动竞技化的发展虽然仅有 30 多年时间，但它却以其独特的艺术魅力和独特的文化感召力风靡全球。其发展趋势如下。

3.1.3.3.1 难度动作艺术性与安全性的完美结合

新生态啦啦队运动的翻腾、托举、抛接、金字塔等难度动作是区别于体操、蹦床、健美操等项目的特有标志。难度动作中运用的平衡技术、翻转技术、抛接技术和保护技术无一不体现了啦啦队运动的艺术性。啦啦队运动新生态阶段难度动作的价值进一步凸显，主要体现在翻腾动作周数、度数及高度的增加，高难度抛接技术前预备动作的减少和时间的缩短以及不断创造新的难度动作类型上。20 世纪 80 年代至今，美国负责啦啦队运动安全教育的机构和组织对啦啦队竞赛规则进行多次规范、对危险性动作进行限制、对安全指导规则进行制定和完善，强调提高难度动作的同时保证动作质量并提高啦啦队运动的艺术表现。这不仅保证了啦啦队队员的安全性，也使难度动作向着艺术性更高标准的方向发展。

3.1.3.3.2　竞技动作的大众化

新生态啦啦队运动的竞技化水平逐渐提高，并在美国幼儿园、中小学、大学、社区以及职业啦啦队中普及。啦啦队运动的翻腾、托举、抛接和金字塔等难度动作普及面很广，这与美国体操的普及有直接关系。据调查，美国的体操俱乐部有2 000多家，每家俱乐部的会员500～800人不等。俱乐部有设备齐全的体操设施，一般的美国社区就设有体操房。美国体操的竞技实力及普及程度都为啦啦队运动竞技性和大众化提供了支持，尤其是美国的啦啦队女队员，对于手翻、空翻、毽子小翻、后软翻、团身翻、后直等翻腾动作能够轻而易举地完成，且动作完美，质量极高。此类富有体操基础的队员加入啦啦队运动中，为啦啦队运动竞技化水平提高做出了贡献，也为其大众化的发展奠定了基础。

3.1.3.3.3　加大对男性队员后备人才的培养力度

继生态生成的初期阶段，啦啦队运动是一项纯男性的运动，随着此项运动的不断发展，男性队员的数量越来越少，竞技水平也低于女性队员。大多数啦啦队中女性队员的比例为93%～95%，且大多有体操训练经历。而男性队员不仅比例小且体操基础薄弱。近年来，尤其是大学的校啦啦队，开始重视男性队员后备力量的培养。例如，俄亥俄州立大学啦啦队，其竞技发展初期阶段男性队员比例很小，近年来，俄亥俄州立大学重视男性运动员的培养，男性运动员比例逐渐增加，几乎与女性队员持平，且竞技水平也逐步提高。目前，对于男性队员后备力量的培养除了重视托举、底座及保护等任务外，还着重提高其体操基础及竞技水平。

3.1.4　研究小结

（1）啦啦队运动是起源于美国原始部落的一项体育运动。从原始社会为族人自发性的欢呼鼓舞，到现在组织健全的全球化体育运动，啦啦队运动经历了原生态、继生态和新生态3个阶段。其中，继生态分为看台助威阶段（1869—1922年）、表演和看台助威并存阶段（1923—1977年），新生态分为竞赛发展初期阶段（1978—1997年）和竞赛发展普及阶段（1998年至今）。

（2）在原生态阶段，啦啦队运动的雏形是原始部落的族人为激励部落外出打猎的战士或庆祝战士们狩猎凯旋给予的手舞足蹈、欢呼和鼓励，起到凝聚族人的精神和意志的作用。

（3）在继生态阶段，1869—1922 年，该阶段啦啦队运动主要开展于比赛看台，因此这一阶段称作看台助威阶段。1869 年罗格斯大学对阵普林斯顿大学的橄榄球赛，是啦啦队运动历史上第一次有记录的欢呼。啦啦队运动首先在美国高校中开展起来，依附于高校橄榄球运动。啦啦队运动由自发性的个人行为发展到有组织的团体活动，并且在中小学中逐步发展起来。1923—1977 年，该阶段称作表演和看台助威并存的阶段。美国宪法第十九条修正案正式通过以后，1923 年明尼苏达大学女生成功加入啦啦队。随着女大学生的逐渐增加，为啦啦队运动纳入了更多的元素，使啦啦队运动更具表演性。啦啦队运动展现的平台不再局限在看台上，也进入了比赛场地进行表演。在这一阶段，劳伦斯·何其莫于 1948 年成立美国第一个啦啦队协会 NCA，开展啦啦队训练营。1924 年，斯坦福和普渡大学开设啦啦队运动课程，从此以后，高校啦啦队运动开始向制度化方向迈进。

（4）在新生态阶段，1978 年，全美大学生啦啦队比赛首次被美国哥伦比亚广播公司（CBS）的体育频道在全国范围内转播，使啦啦队运动正式迈进竞赛发展初期阶段。在这一阶段，资金短缺问题、药物问题和人身安全问题是啦啦队运动竞赛管理中的 3 个主要问题。1998 年，国际竞技啦啦队联合会和国际全明星啦啦队联盟的成立标志着啦啦队运动进入竞赛发展普及阶段。在这一阶段，啦啦队运动虽然被质疑是否是一项体育运动并存在运动损伤问题，但其受到越来越广泛的关注并发展成为组织健全、教学训练科学的全球化体育运动。未来啦啦队运动的发展趋势是难度动作艺术性与安全性的完美结合、竞技动作的大众化、加大对男性队员后备人才的培养力度。

3.2 美国啦啦队运动文化生态影响因素分析

任何一种文化的产生、发展及其演变都不能孤立于它所处的文化生态系统之外。文化生态学的理论和方法提示我们，在文化发展的过程中，应结合当时整个社会文化生态环境，包括自然的、社会的、政治的、经济的、文化的等各个方面的情况，运用合理的逻辑推理对文化的发展做出合理的说明和判断。

3.2.1 价值观念与美国啦啦队运动文化

价值观念是文化生态系统中对人类社会影响最直接的文化因素，是社会成员用来评价行为、事物以及从各种可能的目标中选择自己合意目标的准则。各种具体事物的价值有所不同，人们对事物价值的总的看法和根本观点决定了事物的发展方向。不同国家、不同时代以及不同社会环境下的价值观念亦不同。啦啦队队员作为啦啦队运动的主体，其价值观念是影响其行为最直接的因素，对啦啦队运动的活动及其文化具有导向性作用。与此同时，啦啦队队员共同价值观念的形成也不是一蹴而就的，而是随着队员认知能力的发展和环境的影响逐渐形成的，是确保啦啦队运动团结协作的内动力，是影响啦啦队运动文化发展的核心因素。

3.2.1.1 种族观念是美国啦啦队运动文化产生的原动力

在美国的原始部落时期，啦啦队主要是为了激励部落中外出打猎的战士或庆祝战士们狩猎凯旋，族人给予手舞足蹈的欢呼和鼓励，原名cheerleading，有振奋精神、提振士气的意思。可见，在原始部落中，族人具有共同的语言、习俗、传统、礼仪以及其他行为方式，奠定了一个种族的文化基础，体现了一个种族的种族观念，这种共同的种族观念能够增强族人之间的心理认可度和凝聚力。同时，共同的种族观念就会促使人们通过语言或者肢体动作表达内心的情感，成为啦啦队运动文化产生的原动力。

3.2.1.2 标志性的口号是传达啦啦队价值观念的最直接方式

语言作为人类最重要的交际工具，是人与人之间交流与传递信息的最方便的媒介。而口号作为语言的一种形式，能够充分体现人的意识，尤其是标志性的口号通过多频率和多层次的传播，能产生波及效应和口碑效应，实现传达特定的价值观念的目的。

啦啦队运动是一项团队运动，然而早期体育比赛中啦啦队的欢呼源于一次以激励同伴运动员为目的的非正式的个人活动。随着美国内战前流行的高校校际体育比赛的逐步发展，高校学生对啦啦队运动以及作为其标志性口号的认识不断增强，对啦啦队运动的看法和观点也发生着改变。他们认为有组织的团体活动更能增强团队队员间的沟通与交流，从而能更加有效地凸显啦啦队运动的呐喊助威力度和其鼓舞作用。例如，啦啦队运动第一次有记录的欢呼来自1869年罗格斯大学对阵普林斯顿大学的橄榄球赛，普林斯顿虎队的口号是："Ray, ray, ray! Tiger, tiger, tiger! Sis, sis, sis! Boom, boom, boom! Aaaaah! Princeton, princeton, princeton!" 从此以后，这一口号成为给普林斯顿虎队加油助威的经典口号。

20世纪初，橄榄球成为美国大学校园里最流行且能带来收益的体育运动。越来越多的大学参与校际的橄榄球比赛，代表学校特征及表示学生对本校忠诚度的需求日益加剧。在这样的价值观念影响下，美国大多数学院和大学成立了属于自己的啦啦队，它们用自己独特的口号来带领球迷们为运动员欢呼。例如，1910年西南路易斯安那工业学院为代表的啦啦队在比赛中喊出竞争对手的学校名称来扬本校的威风，他们欢呼道："Boomalacka, Boomalacka, Bow - wow - wow! Chickalacka, Chickalacka, Chow - chow - chow! Boomalacka, Chickalacka, Who are we? Lafayette Institute, Don't You See?" 从此，啦啦队运动逐渐由自发性的个人自发欢呼发展成为有组织的团体活动，作为啦啦队标志之一的口号也逐步发展起来。

3.2.1.3 特色服饰道具是啦啦队成员共同价值观念的外在表现

在啦啦队运动的原生态阶段，原始部落的人们在欢呼中就开始注意穿着一些加工美化的服饰，如在胸前挂上贝壳链、在腰间系上草裙或动物皮毛，利用一些原始的敲击乐器，如鼓、棍、棒、竹、铃、木片、葫芦等。由于当时生产力比较低下，不同部落之间无法穿着和使用各自特色鲜明的服饰和道具。

20世纪后期，进入啦啦队运动继生态阶段，越来越多的大学开展校际橄榄球赛，学校吉祥物、学校特色服饰、学校代表色以及各个学校独特欢呼在这种潮流中萌生。这样的社会背景促使啦啦队运动开始蓬勃发展，如1916年耶鲁大学啦啦队就是典型代表，如图3－4所示，啦啦队队员服装和道具上均印有的"Y"字母代表耶鲁大学。

图 3－4　1916 年耶鲁大学啦啦队

最初，啦啦队队员服饰和道具相对比较单调，随着时代的发展，尤其是受电视转播和观众审美需求的影响，啦啦队队员的服饰和道具的种类也越来越丰富，如图 3－5 是现代湖人啦啦队队员表演的服装。依据湖人队的标志和颜色特点，啦啦队队员有不同款式的服装，在展现啦啦队队员对湖人队认同感的同时，也丰富了啦啦队队员的艺术表现形式。

图 3－5　现代湖人啦啦队队员表演的服装

3.2.1.4 男女平等的价值观念促使女性参与啦啦队运动

20世纪20年代前，女性大学生很少参与体育运动。随着美国经济繁荣时代的到来以及女性价值观念的改变，女权革命家掀起的反对歧视女性、实现两性权利完全平等的女权运动，促使美国宪法第十九条修正案正式通过。修正案规定：禁止任何美国公民因性别因素被剥夺选举权，并使美国妇女获得了梦寐以求的参政权。这是70余年来美国女权运动的顶峰，唤醒了人们对女性参政权的关注，对妇女的自我意识产生了深远的影响。追求男女平等集中体现在妇女获得选举权的运动上，这一价值观念的改变影响了美国社会20世纪的发展方向，也同样改变了妇女的社会地位及其所扮演的角色。

20世纪30年代，大学啦啦队队员性别专制被打破，男性和女性同时出现在啦啦队运动中的模式引领了那个时代的潮流。虽然女性的加入推动了啦啦队运动的发展，使其向前迈出了一大步，但对于当时美国其他学校来说，要效仿明尼苏达大学以及三一大学还有一个漫长的过程。20世纪20年代后期到30年代，许多学校的手册和出版的报纸中仍以“chap”“fellow”和“man”等词来指代啦啦队队员，女性参与啦啦队运动的事实在很大程度上是被忽视的。

直到20世纪40年代中期，第二次世界大战使更多的男性走向战场，为女性提供了更多参与啦啦队运动的机会，使其真正成为这项运动的主角。1955年，在啦啦队运动相关资料中记载，在规模较大的中学，啦啦队队员偶有为数不多的男性队员，而在规模较小的学校，男性队员通常参与其他运动项目。啦啦队队伍中大多只有女性学生，多数中学教师认为啦啦队运动应被归为女性学生的课外活动项目。第二次世界大战结束后，美国经济进入“黄金时期”，其政治、经济的巨大变革激发了20世纪60年代到70年代的第二波女权主义的兴起。势如破竹的女权运动引发了1972年教育法修正案第九条（Title IX）的颁布，法律规定任何人都不应该因为性别原因被排除在由联邦资助的教育和活动计划之外，不能被剥夺这个计划和活动提供的条件，也不能因性别原因受到这个计划和活动的歧视。这个条款适用于由联邦资助的教育机构制定的任何教育计划，包括入学、招生、课程设置、职业教育、体育教育等各个方面。这就意味着公立中学和大学将为女性提供更多的参与运动的机会。

美国女性价值观念的改变，直接促成了女权运动的开展以及教育法修正案第九条的通过和实施，从根本上改变了啦啦队运动以男性为主导的观念，为女性参与啦啦队运动创造了良好的文化生态环境。并且，啦啦队运动逐步发展成以女性为主导的体育运动，凸显出价值观念在啦啦队运动社会化发展中的重要作用。

与此同时，队伍中女性成员的加入对啦啦队运动影响深远，队员衣着打扮和道具的改变代表了那个时代的服饰文化流行趋势。学校的啦啦队队员在球赛日身着队服已成为习俗。队服作为学校的象征和队员身份地位的显示，扩大了体育活动在学生中的影响力，也促进了啦啦队队员的团体凝聚力。最初的男性啦啦队队员在球赛中身着长礼服和圆顶窄边高礼帽等装束。到了 20 世纪早期，男性啦啦队队员拥有指定的印有校园颜色或徽章的休闲服装。这种传统风格的服装逐渐成为啦啦队队服的标准。啦啦队队员手册中建议队员避免奇装异服，白色的帆布裤子以及代表学校颜色的运动服是最好的选择。女性的加入改变了类似休闲服装的啦啦队队服，虽然也有类似运动风格的制服，但女性啦啦队队员的长裙和百褶裙反映了当时穿衣风格和裙长的改变（图 3－6）。

图 3－6　1965 年丹佛大学冰上曲棍球啦啦队

20 世纪 20 年代到 30 年代，队服裙子的长度多为低于膝盖或刚到膝盖。1945 年，队员的裙长和衣服的款式开始多样化。当时流行的公主裙、无袖连体装、缎裙裤、夹克套装以及裙子和运动服的组合被广泛运用到啦啦队队员的服饰中，以达到吸引观众眼球的目的。20 世纪 60 年代，短裙成为女性啦啦队队员常见的服装，这种潮流使得女子高尔夫球裙和网球裙也出现了类似的发展趋势。最初的男性啦啦队队员多选用牛津鞋和网球鞋；20 世纪 40 年代到 60 年代流行于欧洲的马鞍鞋得到啦啦队队员的青睐；70 年代后女性队员则普遍采用专用啦啦队运动鞋，反映了当时社会的时尚。啦啦队运动中扩音器和花球等道具的使用受到性别的限制。1898 年，明尼苏达大学啦啦队队长引进的扩音器就属于男性队员的道具，而花球则在 20 世纪 40 年代后被女性啦啦队队员广泛运用（图 3－7）。女性文化为啦啦队运动文化带了许多新的元素，丰富了啦啦队运动文化的内涵，使啦啦队运动文化越来越具有女性色彩。

综上可见，女权运动以及教育法修正案第九条的通过和实施，使美国社会受到女权主义的干预，对美国社会产生了深远的影响。女性参与运动以及从事诸如运动员、体育教练员和大学体育系行政职务等相关工作的人数猛增，这样的势头也影响了啦啦队运动。1975 年，美国从小学到大学有超过 50 万名的学生活跃于啦啦队运动中，其中 95% 的啦啦队队员是女性。截至 2005 年，相关统计数据显示，在所有现代啦啦队成员中，有 97% 的参与者是女性。例如，从图 3－8 美国 NBA 马刺队、湖人队和火箭队啦啦队的合影中可以看出，这三支队伍啦啦队的所有成员都是女性。啦啦队运动经历了一百多年的历史，从一项纯男性的运动演变成由女性主导的运动。

图 3－7　1977 年 Winnsboro 高中啦啦队手执花球

马刺队啦啦队

湖人队啦啦队

火箭队啦啦队

图 3－8　NBA 马刺队、湖人队、火箭队啦啦队合影

3.2.1.5　人种平等的价值观念赋予黑人参与啦啦队运动的权利

以民权法案为背景，黑人学生运动加速了白种人所在大学接受黑人啦啦队队员的进程。1967 年，普渡大学的足球队拥有由 16 名黑人球员以及来自女生联谊会和兄弟会的白人学生组成的管理小组和啦啦队。普渡大学黑人学生行动委员会要求啦啦队也应有黑人学生代表。黑人学生行动委员会的施压使得两名黑人女孩在次年赛季加入啦啦队的阵容。1967 年 11 月，伊利诺伊州的麦迪逊高中有超过 1 000 名黑人学生罢课一周，抗议 17 名黑人足球运动员停赛事件，其停赛原因是球员对校啦啦队 6 名队员中仅 1 名黑人队员提出异议。对于此次黑人学生运动，学校董事会改变了停赛决定并同意 1968 年黑人啦啦队队员数量增至 3 名。

1969 年，北卡罗来纳州伯灵顿，由于学校选举中未接受黑人啦啦队队员使得 1 名青年在骚乱中遇害。此事件后，纽约州怀特普莱恩斯中学的黑人学生要求啦啦队中有更多的黑人队员加入。1971 年，怀特普莱恩斯啦啦队的黑人队员增至5名，占总数的1/3。1972年，在国际啦啦队基金会举办的比赛中，普渡大学啦啦队1名黑人成员楼利拉德被任命为全美啦啦队成员之一。楼利拉德认为，综合性大学黑人啦啦队队员较少的原因之一是高中阶段黑人和白人的啦啦操风格各异。黑人啦啦队更多的是以跺脚拍手以及表现富有黑人音乐特色的灵歌为主要内容，而白人啦啦队则以传统的直臂动作为主。并且，大多数以白人为主的中学效仿这一“传统风格”，使其在以白人为主的高校占主导地位。越来越多的学校开始认真对待并解决啦啦队队员结构中出现的种族和公平问题。1977年，在北路易斯安那，一项规定啦啦队队员选拔制度的政策出台，其内容为从学校每个年级每个班抽选1名白人队员的同时需抽选1名黑人队员，即啦啦队由50%的白人和50%的非裔美国人组成。在北卡罗来纳州夏洛特梅克伦堡教育委员会颁布的限额政策中规定，确保啦啦队队伍中至少有1/3的非裔美国人和1/3的白种人。20世纪80年代，一些学校尤其是初中和高中开始实施不裁员政策，使每个人都有成为啦啦队队员的机会。

与此同时，黑人的加入为啦啦队运动注入了新鲜的血液，带来了不同种族、不同地域的优秀文化。20世纪60年代及70年代初，极富黑人音乐特色的灵歌、黑人福音音乐和节奏布鲁斯在主流流行音乐和舞蹈中赢得广泛关注，这种黑人文化的巨大影响力也扩散到啦啦队运动中。1966年，加利福尼亚大学洛杉矶分校的黑人学生埃迪·安德森被选为啦啦队欢呼的领头人，他把灵歌风格的欢呼和舞蹈带入了加利福尼亚的高校啦啦队。1971年，啦啦队运动中以灵歌为主的欢呼方式赢得了白种人和公立高中学生的青睐。1972年，企业家劳伦斯·何其莫的股份有限公司把“富有节奏和灵歌的欢呼和咏唱”纳入他的啦啦队训练营教学材料。典型的灵歌欢呼如：We got the super soul spirit, We got the SSS！S – O – U – L, Soul team, Sock it to me now！从最初普林斯顿的欢呼至今，啦啦队运动口头欢呼的内容相对稳定，而欢呼的风格则易受流行文化的影响。舞蹈、强节奏的摇摆舞以及和着灵歌的运动与主流啦啦队直臂式、标准化的风格不同。从20世纪40年代节律性的欢呼到目前爵士和嘻哈风格的出现，黑人文化对啦啦队运动的风格影响巨大。

以人种平等的价值观念为基础，民权法案通过法律法规来调整美国社会主体之间的相互关系，并建立和维护稳定的社会关系和社会秩序，有利于美国整个社会环境中人、社会、文化等各种变量的相互作用，使得整个社会的各种变量形成共生关系，为啦啦队运动的发展创造了良好的文化生态环境，促进了啦啦队运动文化的健康发展。

3.2.1.6 多元价值观促使啦啦队队员构成的多元化

在美国多元文化背景下，啦啦队队员的生活方式、生活环境、文化传统、意识形态等方面存在差异，使之形成了多元的文化价值观。价值取向的多样化使啦啦队队员的构成也呈现出多元化的特点。

20 世纪 70 年代，在啦啦队运动竞赛发展的初期阶段，根据标准挑选专业啦啦队队员并首次登台表演源于 1972 年的达拉斯牛仔啦啦队，视觉吸引力以及舞蹈能力成为选拔的重要因素。由于男性观众是职业体育比赛的主要市场，因此选择年轻并富有魅力的女性啦啦队队员来达到吸引观众的目的，这一选拔标准一直持续了 20 年。在性别选择方面，专业啦啦队比学院啦啦队有更多的限制因素。学院啦啦队中男性和女性队员都可参与，而专业啦啦队在表演风格和内容上更趋向于舞蹈而不是单纯的欢呼和技巧，因此专业啦啦队中均为女性队员。随着啦啦队运动的不断完善和发展，男性也加入专业啦啦队队伍，舞蹈啦啦队由女性队员组成，而技巧啦啦队由男女队员混合组成。

在人种方面，大多数专业啦啦队呈现多元化的特点。例如，达拉斯牛仔啦啦队 1972 年开始招收黑人队员。1979 年，丹佛小马快递啦啦队的 32 名队员中有 5 名黑人队员，达拉斯牛仔啦啦队的 36 名队员中有 1 名亚洲人和 4 名黑人。出于对职业橄榄球和职业篮球运动中黑人运动员的声望以及体育受众种族多样性的考虑，啦啦队队伍选拔中逐渐增加了黑人、西班牙人以及亚洲女队员。1981 年，*Ebony* 杂志报道称，国家橄榄球联盟中除了绿湾包装工队以外，其余球队的啦啦队中都有黑人队员，其中费城老鹰队的黑人队员达到 10 名，是所有啦啦队中拥有黑人队员数量最多的球队。

从社会经济地位来看，专业啦啦队队员的背景各异。队员的年龄从 18 岁到 30 多岁不等，有单身、已婚和单亲父母。队员的职业也不尽相同，包括大学生、秘书、物理治疗师、计算机程序员、模特、文员、银行经理、舞蹈教师、家庭主妇、理发师、女服务员、牙科保健员以及前海军陆战队医务人员等。

正是由于队员背景的差异造成了队员参与此项运动动机的多元化。

一些女性队员在表演、模特或舞蹈事业方面有一定的职业规划和抱负，她们希望通过参与啦啦队运动积累经验并在公众面前展示自己以有助于她们在其他领域的发展。专业啦啦队队员的职位是有限的，尤其是啦啦队队长一职，美国国家橄榄球联盟仅有约 20 个这样的职位。对于啦啦队队长的职业发展，1990 年堪萨斯酋长啦啦队队长苏茜·沃克是一个典型的例子。在宾州库兹敦高中啦啦队积累了丰富的经验后，沃克进入特拉华大学并成为啦啦队队长。她在 1989 年国际啦啦队基金会主办的啦啦队夏令营中将教授啦啦操作为全职工作。这个基金会除了指导啦啦队夏令营、组织全球范围内啦啦队的各项活动外，还管理啦啦队队长的各项事务。沃克担任此基金会的工作人员、啦啦队的助理指导以及啦啦队队长负责人等，身兼数职使其职业发展空间变得非常大。流行歌手宝拉·阿巴杜是另一个凭借啦啦队运动进入其他领域发展并取得成功的例子。宝拉自幼进行专业舞蹈训练，1981 年成为 NBA 洛杉矶湖人队的啦啦队队员并担任该啦啦队的编舞指导。她把爵士舞步和街头运动融为一体加入湖人队赛间啦啦队成套动作中，其华丽的舞蹈风格博得球迷们的普遍赞誉。身为啦啦队队员的她受到杰克逊家族的关注，1984 年，她首次为其音乐单曲录像带 *Torture* 编舞，并进一步受聘为他们巡回演出的助理舞蹈指导。1986 年，MTV 音乐录像带大奖颁奖典礼上，宝拉以珍妮·杰克逊的单曲 *Nasty* 的音乐录像带成功得到最佳编舞奖。1989 年，宝拉获得最佳编舞、最佳舞曲、最佳女艺人、最佳剪辑 MTV 音乐4项年度大奖。当接受采访时，宝拉表示，成为湖人啦啦队的一员使她收获良多。除上述动机以外，成为专业啦啦队队员还有其他方面的原因，包括对啦啦队运动的喜爱、拥有活跃的社交活动机会、强烈的群体归属感、出名的机会、参与竞争和表演的成就感等。多元化的动机促使专业啦啦队运动风靡全美，让得克萨斯州的女孩儿将加入达拉斯牛仔啦啦队和成为“美国小姐”一样作为她们的梦想。

在啦啦队运动由学院向专业方向发展的过程中，啦啦队队员多元文化价值观促使其人员构成的多元化。以在校学生的选拔为基础，各个种族和职业的人都参与到啦啦队中来，一方面促进了啦啦队运动水平的提高；另一方面夯实了啦啦队的群众基础，丰富了啦啦队运动文化。

3.2.2 社会组织与美国啦啦队运动文化

3.2.2.1 高校为啦啦队运动的产生提供了平台

高校是一个小社会，是一个浓缩的、微型的文化生态系统。社团组织、价值观念、经济管理制度和运行方式等变量构成了高校文化产生和发展的完整体系。美国历来重视学生全方位的素质教育，尤其注重学生体育素质的培养，因此体育运动在美国高校占有举足轻重的地位。美国高校体育文化作为高校文化生态系统的重要组成部分，为啦啦队运动的产生提供了适合发展的土壤。

19 世纪的美国大学校园，当时仅有约 2% 的 18 ~ 21 岁学生能进入大学校园深造，这些学生以白种男性和英国后裔为主导。美国革命战争后期，教职员工经常向学生施加严重恶劣的惩罚，导致大学生出现闹事、殴打教师、烧毁校园建筑等恶劣行为。在这样的社会背景下，一批学生开始发展属于自己的社交活动和娱乐活动以摆脱教职员工对他们的控制。随后，学生的目光逐渐从高校组织的组间和校内的非正式体育比赛向校际的体育比赛转移，美国内战前校际的体育比赛成为大学校园体育活动中的主导。这样的社会环境和文化背景为啦啦队运动的萌生提供了有利条件。1869 年 11 月，第一场校际橄榄球赛由新泽西的罗格斯大学对阵普林斯顿大学，比赛最后由罗格斯大学以 6:4 击败普林斯顿大学。在这场比赛中，一些普林斯顿大学的观众以及校园里的居民自发地为运动员欢呼，这次欢呼开创了啦啦队运动的先河，成为历史上第一次有记录的欢呼。

与此同时，啦啦队运动文化还受到美国校园文化的影响。啦啦队运动由最初单纯的欢呼发展到各种娱乐元素的加入。由于啦啦队的主要作用是用鼓舞运动员的指定呼喊激起观众反复和强烈的回应，因此其重点仍然集中在欢呼上。当时流行的俚语被引入欢呼的措辞中，反映了不同地域、种族和当地的学校文化。1900 年初，欢呼的基本类型相对稳定，简单而直接的口号如 Fight，Raiders！Go，Raiders！Fight，fight，FIGHT！包括观众回应词里的新颖欢呼如 Clap your hands！(clap，clap，clap) Stamp the floor！(stamp，stamp，stamp) Go，Blue Demons，Raise that score！啦啦队队员和观众之间交替进行的欢呼和应答如 What do we want？Victory！Say it again，Victory！Louder！VICTORY！

欢呼中拼读学校或球队的名字，一开始采用慢节奏而后逐渐增加其速度并不断重复。例如，第一个有记录的普林斯顿大学的加油欢呼声：Ray, ray, ray! Tiger, tiger, tiger! Sis, sis, sis! Boom, boom, boom! Aaaaah! Princeton, princeton, princeton! 一些早期的欢呼词包含了文学和数学的元素。据查尔斯·库拉尔特关于旧时代的欢呼调查，耶鲁大学的欢呼"Brekekekex, Ko-ax, Ko-ax!"来源于阿里斯多·芬尼斯青蛙合唱中的呱呱声，而加州理工学院撰写的欢呼词中则出现了数字如 Secant, cosine, tangent, sine! Logarithm, logarithm, hyperbolic sine! Three-point-1-4-1-5-9! Slip stick, slide rule! Tech, Tech, Tech! 大多数的欢呼词通过汇编成册或口头传颂的方式传播。由此可见，美国高校作为一个具有丰富文化资源的社会组织，为啦啦队运动文化的生成提供了平台。

3.2.2.2 协会和训练营促进了啦啦队运动市场化的发展

啦啦队运动虽是一项始于高校球场边的运动，但随着人们对其关注度的不断提高，其已发展到社区青少年体育课程、职业啦啦队以及竞技啦啦队，成为学校和社会体育活动的重要组成部分。为了迎合这些不同类型的啦啦队，美国各大高校纷纷成立啦啦队训练营，并定期举办研讨会等活动，给啦啦队队员、教练员和指导教师提供额外的专业指导。尽管啦啦队运动的管理和组织一直以来都由学校掌控，但协会的出现以及夏令营和培训班的剧增对啦啦队运动风格、技术和内容产生了深远的影响。

1967 年，美国第一届年度"十佳大学啦啦队"排名的出现使训练营和培训班被广大队员热捧。NCA 的成立具有示范效应。此举不仅开启了美国啦啦队运动领域协会和训练营发展的先河，还促进了美国各类相关组织的成立，带动了啦啦队运动的进一步发展。到 20 世纪 90 年代，每年有数以万计的学生参与劳伦斯组织的啦啦队训练营，指导者近 1 500 人。劳伦斯和他的第一家啦啦队用品公司在啦啦队运动的发展过程中做出了卓越的贡献，在啦啦队运动的历史上占有重要的地位。

3.2.2.3 中小学规范化管理为啦啦队运动健康发展奠定基础

随着高校啦啦队运动的蓬勃开展，啦啦队运动的水平也不断提高，为了满足大学对高水平啦啦队队员的需求，中小学后备人才的培养和选拔成为大学啦啦队健康发展的重要环节。

首先，在中小学啦啦队培训方面，20 世纪 20 年代，斯坦福大学和普渡大学开设啦啦队相关技术和理论课程就是最早的例证。依照大学的培训模式，一些中学也组织短期培训班来提升啦啦队队员的技术。1946 年 9 月，史上第一个培训班在艾奥瓦州诺斯伍德举办。这个培训班由青少年发起和组织，他们把当地的中学聚集在一起讨论关于赛前动员、队员服装、指导教师、选拔赛以及体育道德等一系列相关问题，来自康奈尔大学的两名女性啦啦队队员讲解了相关知识并演示了代表性的技巧。这个最初形态的培训班由大学啦啦队的专业人士对高中学生进行指导，此次培训班的举办引起了广泛关注。自此，许多中学开始在全美范围内开设各种类似的培训班。培训班的这一提法引起了学校领导层的关注。1948 年，在爱达荷州的魔谷举行了每年一度的啦啦队专题研讨会。会议上讨论的话题内容广泛，包括如何定义啦啦队表演的失败或成功、喝倒彩的控制、是否每支队伍中都必须有男性队员参与、欢呼中的演唱部分等。可见，本次专题研讨会对啦啦队运动恰当的行为举止和价值观的关注度超过了对技术的掌握。20 世纪 70 年代，公立学校体育协会开始举办校际比赛，如新墨西哥体育协会发起了年度啦啦队比赛，并且这个协会监管了所有的课外体育、俱乐部和表演团体，为啦啦队运动制度化的发展提供了更好的平台。

在高校啦啦队队员选拔方面，第一名大学啦啦队队员是通过自选的方式或根据其影响力和受欢迎程度由同学选举出来的。随后选拔制度的规范化进一步完善了啦啦队运动后备人才的培养体制。到 20 世纪 20 年代，啦啦队队长被大众认为是院校的代表，大学啦啦队开始设有严格的选拔程序。大学对啦啦队运动组织管理的逐步规范影响了中小学体育和社区体育。借鉴大学的组织管理模式，公立中学建立了标准化的选拔程序，采用正式的选拔赛来代替学生自己组织的非正式选拔方式，使得啦啦队运动逐渐成为一项高度制度化的运动。作为典型代表的威斯康星州拉辛县的华盛顿公园中学，在 1950 年运用的训练和选拔程序被许多中学效仿，选拔赛的首日，所有对啦啦队运动感兴趣的学生都能参加学校举办的开放性活动。次日，所有认为自己能够入围的参选者均需展示柔软体操、拉伸和跑步，有经验的啦啦队队员需展示跳跃动作。除此之外，参选者还需展示成套练习、高难度的跳跃动作、欢呼以及最后的成组表演。根据参选者的表现进行第一轮淘汰，总教练、体操教师以及啦啦队指导教师选出 10 ~ 12 名女生晋级下一轮选拔赛。第一轮的入围者需组成一个小团队进行成套表演，且每一名入围者选择两段啦啦操进行下一轮的较量。8 名裁判对每名入围者的感染力、欢呼声、技术以及团队领导能力进行综合排名，排名靠前的参选者列入 A 队，剩余的参选者列入 B 队，然后所有的成员参与训练以迎接次年相关比赛的选拔。身体素质和性格品质是考量是否适合成为啦啦队队员的重要方面。理想的啦啦队队员除了应具备较好的个人形象、良好的身体协调性、洪亮的声音、热情开朗的性格、良好的体能外，还应具备责任心、领导能力，以及品学兼优等。

啦啦队运动的规范化管理促进了啦啦队运动的社会生活从特殊的、不固定的方式向被普遍认可的固定化模式转化，使得啦啦队队员确立了共同的价值观念，并通过制定规范和建立组织机构把啦啦队队员的行为纳入相同的固定模式，保证了啦啦队运动的不断发展和成熟，使其更好地融入美国整个社会文化环境。

3.2.2.4 美国全明星啦啦队联盟整合了啦啦队运动的构成要素

美国全明星啦啦队联盟的主要职责包括啦啦队教练员资格认证、啦啦队运动安全性评价、处理相关活动以及维护或调整安全指南，为啦啦队运动训练和比赛提供尽可能安全的服务环境。

图 3 -9 是美国全明星啦啦队联盟组织管理机构。其中，董事会主席统筹整个联盟各项工作的运作；技巧啦啦队委员会和舞蹈啦啦队委员会的理事分别负责本领域全球的赛事推广、队员管理、运动技术以及规则指导工作；顾问主要负责财务、奖学金和企业赞助等。除此之外，美国全明星啦啦队联盟有完善且专业的人员配备以及充足的资金保障。其中，负责美国和国际啦啦队活动的成员分别为 90 名和 50 名，职业教练员和授予证书的教练员分别为 3 700 名和 4 000 名，安全认证裁判 434 名（350 名负责技巧啦啦队、84 名负责舞蹈啦啦队），以及 20 万美金的奖学金。

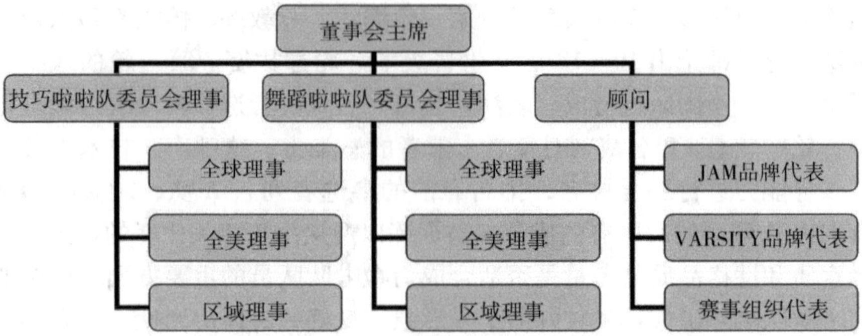

图 3-9　美国全明星啦啦队联盟组织管理机构图

美国全明星啦啦队联盟组织体系整合了美国啦啦队运动构成要素，并调整了不同要素之间的关系，充分发挥啦啦队团结协作、鼓舞士气的文化内涵，把分散的个体加油行为团结成为一个强大的集体，把有限的个体力量凝聚成为一股合力，为实现啦啦队运动社会组织目标提供了强有力的动力，增强了啦啦队运动文化在整个文化生态系统中的生命力。

3.2.3　经济体制与美国啦啦队运动文化

美国的经济体制属于典型的资本主义市场经济，其主要特点是自由竞争，主张让经济活动依经济规律自发运转，强调自由竞争和市场价格机制的自发调节作用，使社会资源在这种机制下得到优化配置。对于具有美国鲜明特色的啦啦队运动而言，美国的资本主义市场经济体制对啦啦队运动的发展无疑是强大的催化剂。

3.2.3.1　橄榄球营利性组织为啦啦队运动的发展创造条件

美式橄榄球是北美四大职业体育之首，也是美国的第一运动和主流文化。19 世纪 70 年代，橄榄球传入美国以后，先是在大学校园中发展起来的。1875 年耶鲁大学、哈佛大学、普林斯顿大学及哥伦比亚大学组成了校际橄榄球协会（Intercollegiate Football Association）。橄榄球运动风靡美国高校的同时也带来了巨大的收益。从 1869 年啦啦队自发地在罗格斯大学对阵普林斯顿大学的橄榄球赛上欢呼之后，到 19 世纪 90 年代，以普林斯顿大学毕业生托马斯·皮布尔斯（Thomas Peebles）为首的一些大学生提出并推行在橄榄球比赛中进行有组织的呼喊，啦啦队运动与橄榄球运动的发展紧密相连。

美国市场经济体制决定了校际橄榄球协会属于营利性组织。由于橄榄球在美国具有良好的群众和市场基础，随着美国高校校际橄榄球赛的蓬勃发展，依附于橄榄球运动的啦啦队运动也不断发展。与此同时，橄榄球比赛带来了可观的经济收益。例如，1891—1894 年，哈佛大学橄榄球队的总收入将近 19 000 美元；1899—1902 年，此收益增长到 52 000 美元。1903 年，哈佛大学建造了能容纳 57 000 名观众的体育场，而当时哈佛大学的学生数量少于 5 000 人。这样良好的经济效益为依附于橄榄球运动的啦啦队运动的发展创造了条件。

3.2.3.2 在职业体育经济的推动下啦啦队运动逐步兴盛

体育是美国民族文化的重要组成部分之一。最初的体育比赛被视为是一种绅士间的消遣，比赛胜负并没有被过多地关注。随着美国经济的高速发展，追求比赛输赢变得比绅士表现更加重要。出于商业利益的需要，球队开始邀请各阶层的优秀球员加入，经纪人出身的商业掮客成为球队的管理者。职业体育作为一种产业，在这种社会背景和经济一体化的趋势下应运而生。

在美国市场经济体制下，职业体育是按照市场经济的基本规律，将职业运动员高水平体育竞赛及相关产品作为商品来经营，从中获得经济利益的一种体育经济活动。虽然啦啦队运动最初兴起于大学并发展至中小学，但是职业体育产业的高速发展使啦啦队运动从学院派向专业化方向发展，成为职业体育产业的附属品，并在职业体育和大众娱乐的推广需求下逐步兴盛。

20 世纪 20 年代，高校强调诸如战争歌曲、啦啦队欢呼以及仪仗队这样的精神活动影响了职业体育和学校体育的发展。华盛顿红人队和无线电广播网的所有者乔治·马歇尔是早期提倡用高校啦啦队的欢呼方式为橄榄球队加油的人。1936 年，他首次雇佣仪仗队进行中场表演来为其职业橄榄球队比赛助威；次年，他沿袭高校模式，选派 150 名成员组成乐队到纽约支持红人队在东部赛区的冠军赛。马歇尔是拥有职业橄榄球队以及在全国范围内转播比赛的开创者，他按照市场经济的基本规律，将职业体育竞赛与附属于它的啦啦队运动作为商品来经营，从中获得经济利益，促使高校啦啦队向职业啦啦队方向发展。1954 年，美国职业橄榄球联盟——国家橄榄球联盟（NFL）旗下的巴尔的摩小马队啦啦队成立。20 世纪 60 年代初，在华盛顿红人队比赛期间，一群年轻女性身着印度服饰跟随乐队游行并进行花球套路表演。1960 年，美国橄榄球联盟（AFL）的成立和国家橄榄球联盟的扩展创造了新的球队，如丹佛野马队和达拉斯牛仔队，它们急需发展一批球迷来给予支持。有“美国梦之队”美誉的达拉斯牛仔队于 1960 年加盟国家橄榄球联盟，新上任的总经理特克斯·施拉姆雇佣高中教师迪·布罗克组建了一支啦啦队来吸引球迷的关注。这支啦啦队由 30 名高中女生组成，凭借学院风格的传统欢呼进行表演并取得很好的效果。1972 年，在施拉姆的坚持下爵士舞队成立，此团体参与了由国家橄榄球联盟组织的大部分比赛，并在之后的美国橄榄球超级碗大赛期间得到全国观众的认可。达拉斯牛仔啦啦队迅速成为全世界最吸引眼球的职业啦啦队之一。它不仅拥有专属的职业经纪人，还对队员各个方面的行为制定了详细的监管细则。达拉斯牛仔啦啦队充分体现了职业啦啦队的本质，即魅力、吸引力、商业化。

1973 年，国家橄榄球联盟的 26 家俱乐部中有 21 家雇佣年轻女性群体进行公共表演，职业体育使啦啦队运动的性质发生改变，啦啦队运动逐步向职业化方向发展，旧金山淘金者啦啦队就是另一支职业啦啦队雏形。成立于 1970 年的淘金者啦啦队被誉为“白靴大使”，她们专为旧金山淘金者队做宣传并通常出现在百货公司或高尔夫球锦标赛中，通过为团队贴广告和出售球员亲笔签名来宣传属于自己的球队。最初的淘金者啦啦队队员的主要职责是以美貌来吸引观众的眼球。1974 年后，淘金者啦啦队加入了舞蹈和欢呼等元素来进行推广工作，并出现在橄榄球赛赛前和中场休息部分。这种为橄榄球赛加油的边场啦啦队迅速横扫国家橄榄球联盟组织的球赛。1978 年，芝加哥熊、丹佛小马和巴尔的摩小马等十几支队伍组建了啦啦队，舞蹈啦啦队风靡全美。自此，啦啦队运动在职业橄榄球的带动下蓬勃发展，国家橄榄球联盟俱乐部中啦啦队队员人数剧增。随后，啦啦队运动逐渐向职业篮球和职业足球蔓延。1977 年，《新闻周刊》报道称，华盛顿子弹队和洛杉矶湖人队的啦啦队展示了一组接近达拉斯牛仔啦啦队的表演，得到了媒体的关注和认可。

3.2.3.3 美国负债成为啦啦队运动资金短缺的主要原因

在美国市场经济体制的背景下，出于对自由市场经济进行调控的需要，美国政府长期实行赤字财政政策，采取增加政府开支、扩大公共消费等措施，刺激私人投资和消费，以扩大需求，维持经济稳定发展。但是这些措施又同时酿成了巨大的联邦债务。20 世纪 80 年代到 90 年代初，美国的负债逐年增加使其沦为世界上头号债务国。到 1992 年，美国的债务负担超过 11 万亿美元，每年的政府财政入不敷出。

在这样的社会背景下，资金短缺已成为影响啦啦队运动以及其他课外活动的最主要因素。作为一种经济手段，一些学校把课外活动私有化，某些公司也会为啦啦队队员提供赞助。在新墨西哥州的阿尔布开克，一个名为国际体育组织的私营公司在该市的 23 所中学教授欢呼、舞蹈和啦啦操等课程。1990 年，超过 600 名女孩参与了这一活动，参与者人均需缴纳 126 美元的服装费外加 25 美元的月会费。会费中有 20% 支付给提供设施和场地的学校，在所有参与者中有 30% 的女孩从赞助商那里得到奖学金以维持其参与此项运动。1991 年，弗吉尼亚州费尔法克斯县的一所高中采取缩短赛季、取消旅游并限制啦啦队为主场比赛喝彩等措施来应对预算削减问题。

3.2.3.4 商业化发展为啦啦队运动提供物质基础和发展动力

在市场经济体制下，激烈的市场竞争大大促进了企业的商品化。啦啦队运动的规范化管理以及啦啦队训练营和培训班的不断涌现，促使了啦啦队运动向商业化方向发展，同时也扩大了与之相关产品的生产，提升了服务品质，使啦啦队运动向标准化方向迈进。在成年人的控制和管理下，啦啦队运动不仅成为学校的教学工具，还逐渐成为一项有利可图的事业。

1961 年，劳伦斯注册成立第一家生产销售啦啦队用品的公司，主要销售啦啦队队员的裙子和运动服，成为啦啦队运动商业化发展的开端。与此同时，劳伦斯被邀成为俄亥俄州埃奇伍德高中主办的短期培训班客座教授，讲授“有效运动、从众心理、体育精神、当选啦啦队队长应具备的条件、如何加强学校精神文明建设以及筹集啦啦队活动资金”等相关主题。参与培训班的 600 名女生统一穿着劳伦斯公司生产的啦啦队队服。此外，随着缘起于继生态阶段的啦啦队训练营的不断完善和发展，啦啦队运动迅速向商业化方向迈进。1985 年，美国精神协会（United Spirit Association）举办了为期 4 天的训练营，其注册资金达到 137 美元。82 个训练营分布于美国蒙大拿州到夏威夷州，共有 30 000 名年龄 5 ~ 18 岁的队员参与此项活动。其中，加利福尼亚州的训练营规模最大，由 1 030 名女队员和 7 名男队员组成。在此次训练营中，美国精神协会为技巧啦啦队、舞蹈啦啦队、唱诗队、护旗队和军乐队分别提供不同类型的指导。《纽约时报》报道称，1972 年，劳伦斯的总收入达到 500 万美元，其中 450 万美元用于租用场地，这些资金均来自训练营中 75 000 名会员的注册费。除此之外，其他行业也抓住了啦啦队训练营这一商机，使啦啦队运动的商业化趋势更加明显。训练营和培训班的承办商发展多种经营模式，他们不仅提供啦啦队队服和装备，还组织比赛来赚取电视转播收入。截至 2011 年，美国有近 100 万所小学、初中、高中和大学的学生参与啦啦队运动，为他们提供装备变成了一项可获得丰厚利润的事业。一名啦啦队队员最低配备的成本价是 200 美元，包括队服、花球、鞋子、袜子、紧身衣和发带等。啦啦队训练营本属于一项盈亏平衡的事业，运动服和运动鞋才是啦啦队生意中最盈利的部分，一些著名运动品牌公司也在争夺其供应商的合同。

啦啦队运动产业中规模最大的两家公司是美国精神团体股份有限公司和环球体育训练营。他们旗下的分公司分别是劳伦斯的 NCA 和杰夫的 UCA。1991 年，这两家公司的总收入达到 7 500 万美元——美国精神团体股份有限公司和环球体育训练营分别占有 60% 和 40% 的份额。NCA 经营的 500 个训练营到 1991 年有 15 万名啦啦队队员，而 UCA 经营的 460 个训练营也有 10 万名会员。除了这两家规模最大的公司外，其他生意人也在抢占啦啦队运动产业的商机。1988 年，格温在北卡罗来纳州费耶特维尔成立了啦啦队股份有限公司，主要负责为啦啦队教练员提供培训，次年，此公司的年收入达到 847 000 美元。1900 年，有 3 200多名教练员参加了全年的 12 场会议，除了培训教练员外，他们还为啦啦队队员开办培训班并零售啦啦队相关商品、提供咨询服务等。

随着啦啦队运动中技巧和金字塔动作的加入，以营利为目的的体操俱乐部开始向中学和大学啦啦队队员推销他们的服务。由于许多中小学和大学缺乏训练场地和设备，这就给体操俱乐部提供了生源。当地的体操俱乐部向学生推出翻滚、舞蹈、系统课程和短期训练营，健康和健身行业的企业家开始针对儿童建立儿童健身房。这些健身中心给儿童制订营养计划，安排游戏和体育运动。例如，在亚利桑那州建立的一个儿童健身房，给不同年龄段的儿童提供有氧运动并开设了足球、橄榄球、曲棍球、翻滚技巧、体操、舞蹈和啦啦队运动课程。啦啦队运动的制度化和商业化促进了啦啦队运动的不断发展和完善，但两者的综合作用也导致了啦啦队运动成为一项花销较高的体育运动。家长为孩子每年参加训练营、培训班、私人课程、缴纳注册费以及购买训练相关用品等投入大量金钱，致使一些家庭承受了很大的经济负担。学校工作人员的监管促使了啦啦队运动的制度化，而企业家盈利的目的促进了啦啦队运动商业化的发展，这些使得原本以娱乐消遣为目的的啦啦队运动演变成了一项复杂而要求严苛的综合体。

啦啦队运动的商业化发展，充分体现了啦啦队运动的服务价值和商品价值，获得了啦啦队运动生存的物质基础和不断发展的动力。在美国市场经济背景下，啦啦队运动成为自求生存、自负盈亏和自我发展的市场化活动。

3.2.3.5 产业化发展使啦啦队运动文化辐射到世界各地

啦啦队运动产业是体育产业的一个分支，是指为满足人们观赏啦啦队赛事与表演活动以及参与啦啦队运动需求而从事啦啦队运动相关产品生产的组织和部门的集合。它包括啦啦队协会组织和培训机构、啦啦队用品制造业和销售业、啦啦队赛事商业赞助和媒体开发等一系列相关的组织和部门。在市场经济体制下，将啦啦队运动中能够进入市场并具有市场开发价值的这些部分以产业的方式运作，扩展啦啦队运动的发展空间，提高其普及程度，最终成为空前发达的啦啦队运动产业系统。啦啦队运动这种产业化发展模式成为竞赛发展普及阶段的特征之一。

两次世界大战及经济萧条影响了美国体育产业的发展速度。20 世纪 60 年代以后，科技进步以及经济发展使美国体育产业获得新生并得到快速发展。20 世纪 80 年代，美国体育产业总产值约占其国内生产总值（GDP）的 1%，在各大行业总产值排名中居第 22 位。到 20 世纪 90 年代中期，美国体育产业总产值已超过 3 000 亿美元。据统计，2010 年美国体育产业总产值高达 4 410 亿美元，接近 GDP 的 3%。在体育产业尤其是职业体育产业迅速发展的背景下，美国啦啦队运动产业化也处于世界领先水平。2001 年，美国最大的啦啦队赛事经营推广代理公司 Varsity Spirit 首席执行官杰夫·韦伯（Jeff Webb）在出售旗下的橄榄球头盔生产和销售领先制造商 Riddell 公司时称："橄榄球业务未能得到增长，但是啦啦队业务不仅增长并保持良好的发展前景，我们选择保留发展好的业务。" Varsity Spirit 在 2001 年的收益已达到 1.5 亿美元，到 2011 年该公司营利突破 3 亿美元，该公司的营业额在美国经济低迷期仍保持每年8%的增长速度。公司旗下已拥有20个独立品牌产品线——啦啦队服装、啦啦队锦标赛的全程电视转播、遍布各地的啦啦队训练营、《美国啦啦队杂志》等。

在美国啦啦队运动产业化的发展过程中，啦啦队协会和组织管理机构、啦啦队用品公司、啦啦队赛事运营公司为其提供有力保障。啦啦队协会与体育经营管理公司合作，推动了啦啦队运动的产业化发展，每年仅啦啦队训练营的收益就高达1亿美元。环球啦啦队协会（UCA）在Varsity Spirit公司的赞助下成为全美最具影响力的啦啦队协会。2002年，UCA在全美举办了1 400场训练营，学员人数达到25万名。美国每年有超过10万名啦啦队队员参与各种类型的啦啦队比赛，其中有4万名会参加UCA在佛罗里达奥兰多举办的全国比赛。啦啦队运动的市场研发工作由专门的理事负责，为啦啦队运动的产业化发展提供了有力的人力资源保障。在这些协会和组织管理机构的推动和促进下，啦啦队运动朝着产业化的方向不断迈进。

美国体育用品中的体育器材、运动服饰和运动鞋3部分的总收入在美国体育产业中所占份额高达33%，其中，运动鞋占美国鞋业的37%，运动服饰占美国服装业的22%。随着啦啦队运动在美国的快速发展，啦啦队队员逐渐成为一群极具消费能力的群体，啦啦队用品业在美国蓬勃发展。啦啦队用品业主要指生产和销售啦啦队运动中适用的专门物品的企业集合，主要包括啦啦队运动服装、运动鞋袜、道具、配饰制造业等相关子行业，它是一个跨行业的产业系统。

从表3－4可以看出，在美国啦啦队队员参赛和训练所需的用品配备中，女性队员在服饰和头饰上的开销比男性队员多，一名女性队员的开销为300～400美元，一名男性队员的开销为180～300美元。在全年训练以及参加的各类赛事中，一名女性队员全年在啦啦队相关用品上的开销约为1 500美元。随着啦啦队运动产业的逐步壮大，以Varsity Spirit为代表的啦啦队用品公司的销售额也随之逐年攀升。20世纪90年代其总产值不到1亿美元，截至2011年已突破3亿美元（图3－10）。作为开展此项运动的物质保障，啦啦队用品行业的崛起不仅促进了啦啦队运动的产业化发展，而且对啦啦队运动的广泛开展起到了积极的推动作用。

表3-4 美国啦啦队队员用品配备一览表

用品名称	价格区间/美元
Suits（连体套装）	17.99～50.00
Top（分体上衣）	23.99～27.54
Skirt（分体短裙）	22.94～25.24
Briefs（短裤）	5.46～7.76
Shape wear（塑形内衣）	6.95～11.95
Socks（短袜）	2.88～3.99
Shoes（鞋子）	29.80～89.99
Pom［花球（每对）］	9.08～15.52
Hair Bow（头饰）	4.54～6.84
Megaphones（扩音器）	8.99～28.99
Bag（啦啦队专用包）	12.99～16.99
Warm-up Sets（热身用品）	19.99～80.89
Mats（垫子）	10.10～29.10
教学 DVD	11.48～17.48

资料来源：http：//www.varsity.com/和 http：//www.amazon.com/。

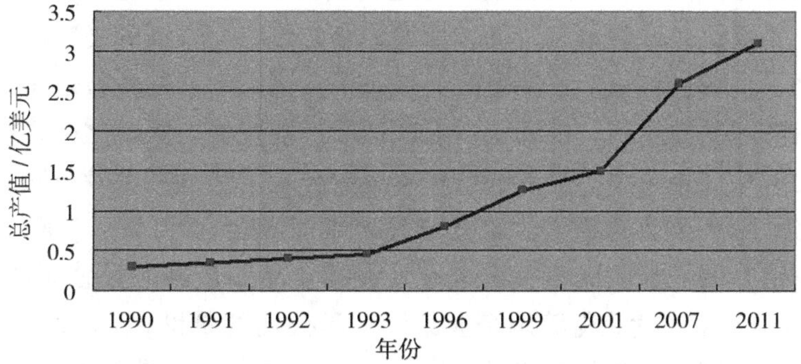

图3-10 Varsity Spirit 公司销售额示意图

20世纪70年代，职业体育成为美国体育产业最具影响力的一个领域。美国国家橄榄球联盟（NFL）、美国职业篮球联盟（NBA）、美国国家冰球联盟（NHL）和美国职业棒球联盟（MLB）四大职业体育联盟成为美国职业体育产业的支柱。据调查，约有27.9%的美国人是NFL球迷，12.9%的美国人是MLB球迷，9.6%的美国人是NBA球迷，四大联盟每年的正常收入在240亿美元左右。在职业体育迅猛发展的过程中，为体育赛事、体育组织品牌包装等服务的体育赛事运营和推广公司以及体育经纪人开始走向繁荣。在美国较成熟的体育赛事产业的熏陶下，啦啦队赛事运营和管理机制已十分完善。啦啦队赛事运营公司将啦啦队运动进行商业化运作，在啦啦队协会发起和组织赛事的基础上，为啦啦队赛事进行策划和推广并协助啦啦队组织从事市场开发等。目前，美国有大大小小 60 多个协会与专业啦啦队赛事运营公司合作举办赛事，有 5 000 多家公司在从事啦啦队运动的组织和推广工作。作为赛事运营公司的代表，Varsity Spirit 公司不断开拓市场，集结了 15 个一流品牌，占美国啦啦队市场 4/5 左右的份额，其整体经营水平和组织化程度均较高。Varsity Spirit 公司执行董事韦伯预估，啦啦队产业在北美市场年营收将近 4. 5 亿美元，而由洛杉矶私募股权公司握有多数股权的 Varsity Spirit 的年收入达到 2. 6 亿美元，接近北美市场年营收的 60%。啦啦队协会和组织在这些赛事运营公司的专业指导下形成了一套完备的赛事体系，如 Varsity Spirit 公司将啦啦队协会和组织聚集起来推出了全明星啦啦队比赛。它是美国啦啦队比赛中的顶级赛事，每年都会有不同年龄段、不同组别和层次的代表队参与此项比赛。比赛根据参赛者年龄以及竞技能力分为国际组、全明星混合组（公开组）、大学组、中学组、小学组、儿童组。这种具有广度和深度的全方位纵深发展的啦啦队赛事体系开创了全明星啦啦队比赛模式，提高了美国啦啦队的竞技水平，推广了啦啦队运动的发展，推动了啦啦队运动产业发展。除此之外，啦啦队运动的一系列相关比赛在啦啦队赛事运营公司的策划和经营下获得了许多知名品牌和企业的赞助，如美国大学体育协会（NCAA）2004—2005 年赛季举办的啦啦队比赛获得全球最大的食品制造商雀巢公司的赞助，2007—2011 年连续获得跨国企业集团三星公司的赞助；Varsity Spirit 公司举办的全国性比赛从 1980 年以来由美国娱乐与体育节目电视网（Entertainment and Sports Programming Network）和哥伦比亚广播公司（CBS）直播。跨国公司和超级商业广播电视网对啦啦队运动的赞助与推广促进了啦啦队运动在全球范围的传播。

以产品制造业、体育赛事、文化娱乐、新闻出版等传统产业为基础，啦啦队运动通过与赛事运营公司、赞助商、广播电视公司等的合作，依托美国体育产业在全球的影响力，以啦啦队运动文化为产品，以现代数字传播技术为载体，摆脱了啦啦队运动美国本土的地域局限，使啦啦队运动文化辐射到世界各地，实现了啦啦队运动文化从传统产业向现代化产业转型和对啦啦队运动文化资源的高层次利用。

3.2.4 科学技术与美国啦啦队运动文化

3.2.4.1 体育教育科学对啦啦队运动的发展具有基础性作用

啦啦队运动作为一项体育运动，体育教育科学对啦啦队运动的发展具有基础性作用。在美国各类学校教育中，体育教育教学模式在啦啦队运动教学中被广泛应用。根据啦啦队运动的项目特点，团体合作教育教学模式是啦啦队运动的主要教学模式。

一般的教育类文献把团体合作教育定义为一个动态的教学模式，即在一定的环境中教与学各要素的动态稳定关系及其结构形式。教学模式这一术语强调了学习、教学、学科内容和环境的相互依存。动态的教学模式主要包括课程体系的动态组合、教学内容的动态更新、教学方法的动态改革、人才培养模式的动态调整等。此模式的一个重要元素是异质性，即把社会经济背景、性别、种族、能力、社会发展的多样性等考虑在内。在最新的研究中，戴森和凯西将体育教育中的团体合作教育定义为：通过5个元素，在动作技能、认知和情感3个学习领域运用个体和群体的学习成果来促进学生的发展、教学的互动和任务的掌握，揭示人体运动社会文化意义的一种教学模式。其中，团体合作教育中的5个关键元素分别指积极的相互依赖、个人责任、面对面促进性的互动、社交能力以及小组评估。积极的相互依赖指啦啦队队员不仅要为自己对于相关技能的学习负责，还要为啦啦队队伍中其他同伴的学习负责，进行积极的相互配合和支持，尤其是指正相互依赖。啦啦队队员应意识到自己与同队队员是紧密联系在一起的，在其他队员未完成既定任务时整个团队是不能取得成功的，即队员间互相依赖以完成预定的任务。例如，技巧啦啦队中的一个经典动作“金字塔”是由多组架子组成。每一组架子通常由两个“底座”、一个“后点”和一个“尖子”构成。“底座”负责托举尖子，“后点”负责尖子的稳定和在“尖子”跌落时的安全保护，而“尖子”则是整组架子也是整个托举部分、“金字塔”部分的亮点，负责完成各种难度动作。在啦啦队运动中，需要积极地相互依赖的例子不胜枚举。队员聚在一起为一个共同的动作和造型而工作的时候，靠的是相互团结、相互依靠的力量。个人责任指每名啦啦队队员必须承担一定的学习内容并熟练掌握所分配的任务，积极承担在完成共同任务中的个人责任。面对面促进性的互动要求啦啦队队员进行面对面的交流，成员之间相互支持、鼓励，为完成托举、抛接、“金字塔”等高难度动作，取得良好成绩共同努力。面对面是指队员在训练中身心彼此紧密地靠近，而促进性意味着鼓励队员积极互动并肯定他们的这种互动。当啦啦队队员聚在一起时，面对面促进性的互动使得队员或组员间有了面对面共同探讨的机会。在团体合作教育中，教练员可以利用鼓励者的角色来激励队员促进性的合作。团体合作教育教学模式在啦啦队运动中社交能力的体现主要表现在队员间及小组间的交往能力。它是小组合作学习和训练有效的关键所在，它是在队员与同伴相互配合的小组环境中得到发展的。在啦啦队运动教学和训练中，运用团体合作教育的目的是发展队员积极的社会技能，让队员之间进行自由、轻松的交流，从而更容易完成共同的任务。这些积极的社会合作是通过队员参与任务得到发展的。这些任务包括倾听对方、准确交流、彼此认可和信任、共同决策、承担责任、给予和接受适当的反馈并鼓励对方。小组评估主要指啦啦队教练员或队员对小组内共同活动的成效进行评估以寻求提高活动质量的有效程度。对小组间的活动成效进行评价以引起小组间的合作和竞争，发挥团队的积极性，提高整个团队的训练成效。在啦啦队运动教学和训练中，教练员最常运用的团队学习的方法是一种被称为分组交叉的教学方法（Jig - saw structure）。教练员给每组布置一项具体的啦啦队运动技术、套路或舞蹈动作等活动。这一活动分为 4 个独立的部分，每一名队员要负责学习并熟练掌握内容的一部分，然后每名队员教同组的其他成员自己掌握的那一部分内容。接着所有的队员被重新分为 4 组，每一个小组成员轮流教本组其他成员自己掌握的技术和动作。例如，一项舞蹈啦啦操套路动作，第一组学习手臂动作，第二组学习下肢动作，第三组学习身体和髋关节动作，第四组学习头部动作，然后每名队员教本组其他的成员自己学习的舞蹈动作。

在啦啦队运动团体合作教育教学模式中，所有小组并不是松散的组合，而是一个有机的整体，整个啦啦队运动团队中教练员团队以及每一名队员都是不可或缺的要素。他们有共同的合作理念、合作原则以及相对稳定的合作方式及评价方式。团体合作教育教学模式在啦啦队运动中的运用促进了教练员和队员以及队员间的信息交流，使其教学和训练效果达到最大程度的发挥，尤其对队员的责任意识的强化，使得啦啦队运动的安全保障得到进一步提高。

通过教育对啦啦队队员从动作技能、认知和情感3个目标领域进行培养，既有利于啦啦队队员全面发展又突出体现了具有啦啦队运动特色的个性化发展，尤其是对啦啦队队员团体合作的价值观念进行重点培养，实现了啦啦队队员价值观念的内化。这样有助于啦啦队队员从自然人向社会人的转变，这一过程也正是啦啦队运动文化延续和传递的过程，为建设健康的啦啦队运动文化生态环境奠定了坚实的基础。

3.2.4.2 电子游戏开发技术推动啦啦队运动文化的全球化

不同的时代创造了不同的艺术形式，造就了不同的文化产品。信息时代的到来使电子游戏成为当今深受人们欢迎的休闲娱乐方式之一。随着第一款以啦啦队运动为主题的游戏 *All Star Cheer Squad* 的诞生，啦啦队运动的游戏受大众尤其是年轻人的欢迎。随后，著名的视频游戏开发商南梦宫游戏公司（Namco Bandai Games）于2008 年推出一款名为《我们欢呼吧》（*We Cheer*）的网络游戏，由于销售量极高，次年又推出了第二部。游戏玩家通过远程控制，根据屏幕上的操作指南来控制花球和啦啦队队长的位置，闯关成功后直接进入难度级别更高的等级。

2011 年，工程师运用美国微软公司推出的 Xbox 360 体感游戏机开发了以啦啦队运动为主题的游戏 *Let's Cheer*（图 3 – 11）。这种 3D 体感摄影技术让游戏玩家摆脱了传统游戏手柄的束缚，通过自身的肢体来控制啦啦队队员和道具。此款游戏根据《美国啦啦队杂志》提供的信息，设计了单人和团体选项，可进行终极比赛和训练等一系列操作。除此之外，2012 年推出的另一款 Xbox 360 游戏《电锯甜心》（*Lollipop Chainsaw*）（图 3 – 12）迎合了近年来火热的僵尸题材游戏。其将啦啦队队员设置为僵尸杀手，改变了以往以男性僵尸做主角的套路，让游戏玩家耳目一新。

图 3－11　*Let's Cheer* Xbox 360 体感游戏单人游戏界面

图 3－12　*Lollipop Chainsaw* 游戏剧照

与其他艺术形式不同的是，电子游戏更具有模拟性、交互性、开放性。游戏玩家通过以啦啦队运动为主题的电子游戏更能在虚拟的现实中体验到啦啦队运动的乐趣。尤其是与美国微软公司这样的跨国电脑科技公司相结合，扩大了以啦啦队运动为主题的电子游戏的影响力。与此同时，全球的游戏爱好者可以从网上下载相关的游戏，通过网络和游戏使更多的人接触啦啦队运动文化、体验啦啦队运动的乐趣，推动啦啦队运动文化的全球化发展。

3. 2. 5　研究小结

（1）啦啦队运动作为一种社会文化现象，本质上是人类的身体文化活动，参与啦啦队运动的主体是人。因此，在影响啦啦队运动文化的4个因素中，价值观念与啦啦队运动文化的关系最密切，是对啦啦队运动文化影响最直接的因素，属于影响啦啦队运动文化发展的内在因素；而社会组织、经济体制和科学技术是影响啦啦队运动文化发展的外在因素。

（2）种族观念、男女平等的价值观念、人种平等的价值观念和多元文化价值观体现了啦啦队运动从原始社会至今在不同的历史时期和时代背景下不同价值观念对啦啦队运动文化的影响。标志性的口号和特色的服装、道具不仅是贯穿于整个啦啦队运动发展历史的文化元素，而且是啦啦队成员共同价值观念最具代表性的外显性文化元素。

（3）美国啦啦队运动及其协会和训练营都起源于高校，中小学是高校啦啦队运动后备人才培养的基础，各级各类学校是啦啦队运动文化形成的组织基础。美国全明星啦啦队联盟是整合全美啦啦队运动构成要素的组织，通过严密的组织分工，为实现啦啦队运动社会组织目标提供强有力的动力，增强了啦啦队运动文化在整个文化生态系统中的生命力。

（4）在美国市场经济体制下，啦啦队运动从依附于经济效益良好的校际橄榄球协会开始，伴随着职业体育产业的发展而逐渐兴盛，并且实现了自身的商业化和产业化发展，使啦啦队运动文化辐射到世界各地，实现了啦啦队运动从传统产业向现代化产业转型和对啦啦队运动文化资源的高层次利用。

（5）啦啦队运动作为一项体育运动，既具有教育功能又具有娱乐功能。体育教育教学模式体现了教育科学对啦啦队运动基础教育的影响。啦啦队运动相关游戏的开发体现了电子科技在促进啦啦队运动娱乐化和全球化发展中的影响。

3.3 美国啦啦队运动文化与其他文化因素的结合

啦啦队运动属于美国体育文化的范畴，而体育文化是美国文化的重要组成部分。啦啦队运动在美国文化生态系统中产生和发展，除了受到价值观念、社会组织、经济体制和科学技术的影响外，还受到美国其他文化因素的影响。啦啦队运动文化与美国其他文化因素相互交织、相互影响，共同构成了美国文化的特质，反映了美国民众的生活态度和生活方式。

3.3.1 啦啦队运动文化与美国风俗

风俗是社会上长期形成的风尚、礼节、习惯等的总和，是在特定的社会文化环境下各个阶段人们共同遵守的行为模式和规范。我国历史上第一部纪传体通史《史记》中所云：“百里不同风，千里不同俗。”意思就是因地域差异其风俗也不尽相同。啦啦队运动文化来源于美国风俗，是美国风俗的重要组成部分。其内容和表现形式受美国风俗文化的影响和制约，因此啦啦队文化与美国风俗关系密切。

3.3.1.1 图腾是啦啦队运动文化的标志

在美国啦啦队运动发展的历史中，图腾是啦啦队运动文化的重要组成部分，是啦啦队运动文化的标志。图腾起源于古代原始部落时期的美洲原住民，最早与啦啦队运动相关的图腾名称和代表是人们根据自身的观察和认识，对具有特殊自然景观、特定地理位置、典型动植物名称、神话传说代表的实体给予共同约定的语言和文字代号。这种代号一经约定便代代相传。在现代美国体育中，图腾以吉祥物的形式表现出来。在啦啦啦队运动的发展过程中，吉祥物是其文化的典型代表。

美国中小学、大学以及职业运动队都有自己专属的吉祥物。它们在美国体育文化生态环境中应运而生，又随着各种生态因素的变迁不断发展和演进。作为体育文化的象征，吉祥物已成为美国学校及所属运动队和美国职业体育运动中最具代表性的文化元素之一。表 3 –5 是美国部分大学吉祥物一览表。这些高校以体育文化闻名全美，其竞技体育团体水平也处于美国大学体育联盟的前列，在多项运动上具有传统优势，这些学校的吉祥物也具有一定的代表性。从表 3 –5 可以看出，威斯康辛大学、爱荷华州立大学、俄亥俄州立大学等吉祥物的实体是动植物，这与学校所在地理位置的自然环境关系密切；密歇根州立大学、弗吉尼亚大学等吉祥物名称中蕴含“勇猛”的意思，与军事相关，这与学校的历史以及创建者关系密切。

表 3-5 美国大学吉祥物一览表

学校	吉祥物
威斯康辛大学	獾（Badger）
爱荷华州立大学	红头鸟（Cy）
密歇根州立大学	斯巴达人（Spartans）
宾夕法尼亚州立大学	尼塔尼雄狮（Nittany Lions）
密歇根大学	狼獾（Wolverines）
明尼苏达大学	地鼠（Gophers）
俄亥俄州立大学	七叶树（Buckeye）
阿拉巴马大学	红潮风暴（Crimson Tide）
弗吉尼亚大学	骑士（Cavalier）

每所学校或职业队吉祥物的由来及发展都各具特色。例如，诞生于1965年极富历史底蕴的俄亥俄州立大学吉祥物“布鲁特斯”，随着该校橄榄球队的连续夺冠而闻名于世，成为现在该校啦啦队的形象代表。又如，休斯顿吉祥物“火箭熊”诞生于1995年，它以幽默和搞怪赋予了NBA娱乐价值，成为体育运动中最著名的吉祥物之一。如今，吉祥物作为啦啦队运动中不可或缺的重要组成部分，在一定程度上代表美国学校、职业运动队和啦啦队的文化。

以俄亥俄州立大学吉祥物“布鲁特斯”的由来和变迁为例，如图3-13所示，由于俄亥俄州素以“七叶树（buckeye）”闻名，因此，1965年俄亥俄州立大学的学生雷伯西斯和萨利胡贝尔提出将“buckeye”作为该大学吉祥物。其中，“buck”有雄鹿之意，正与当时美国高校流行用动物作为其学校及比赛吉祥物的整个体育文化生态环境相符。此吉祥物由一名学生穿着七叶树颜色的衣服，戴着形似七叶树坚果的头盔扮演。1974年，在美国玫瑰碗（Rose Bowl）橄榄球赛上，“布鲁特斯”首次作为啦啦队的成员之一为运动员助威加油，自此，俄亥俄州立大学吉祥物与啦啦队运动融为一体。吉祥物材料由最初的纸质变为玻璃纤维，最后转变为现在的毛绒材料，外形也随着时代变迁不断调整。20世纪80年代，“布鲁特斯”转变为身着球队服饰或代表学校颜色的猩红色和灰色条纹T恤带领观众和球迷为运动队加油呐喊。2007 年，俄亥俄州立大学“布鲁特斯”入选美国吉祥物名人堂。这是一个针对美国吉祥物所创立的集体，进入吉祥物名人堂的必要条件之一就是吉祥物诞生 10 年以上。如今，俄亥俄州立大学的吉祥物“布鲁特斯”作为啦啦队的成员，除了为运动队呐喊助威外，还参与学校啦啦队的所有活动。

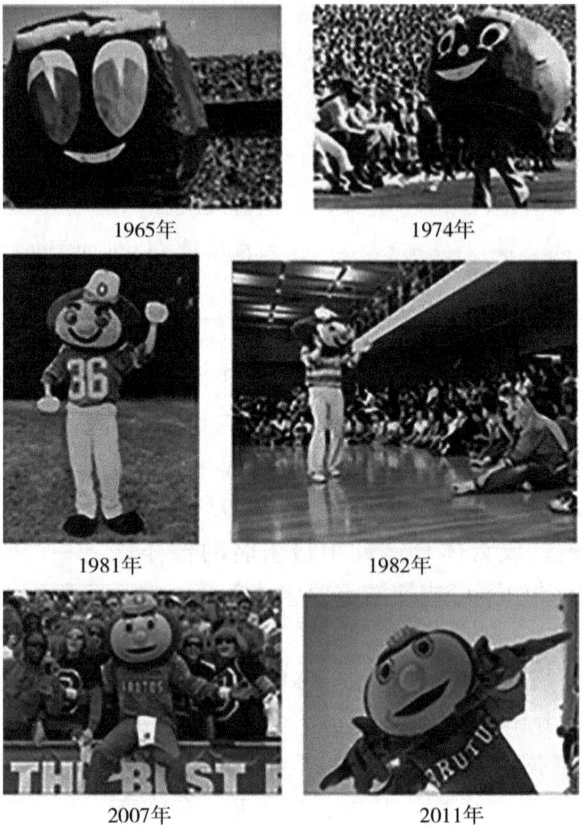

图 3－13　俄亥俄州立大学啦啦队吉祥物“布鲁特斯”

图腾，是人类历史上最早的一种文化现象。在原生态阶段，啦啦队运动文化就受到美国社会文化环境中图腾文化的影响。图腾文化成为形成啦啦队运动文化心理深层次结构的原始积淀。随着啦啦队运动的逐步发展，作为图腾的各种符号也逐步发展，吸纳了美国文化生态环境中的各种相关文化元素，积极参与美国社会文化生活，最终以吉祥物的形式获得了整个美国社会文化的认同，满足和实现了啦啦队运动在美国整个文化生态系统中的集体意识和归属心理。

3.3.1.2 手势是啦啦队运动文化的符号

随着文化的发展和变迁，手势文化在美国文化中的重要地位也逐渐凸显出来。在很多情况下，手势甚至能够表达出语言表达不出的丰富含义。啦啦队运动除了运用“口号”这种语言文化表达加油助威之意外，还广泛运用手势文化来表达对于学校、球队的忠诚和热爱。手势已成为啦啦队运动中被广泛运用的文化符号，在提高啦啦队队伍凝聚力和鼓舞球队士气上起着无法替代的作用。

美国各州名称以及大学名称都有对应的英文缩写，啦啦队队员运用“手势”这种身体语言表达各州以及各所大学的名称。例如，作为美国传统体育强校的俄亥俄州立大学拥有一支实力雄厚的橄榄球队。在橄榄球比赛日，校啦啦队队员在赛场内外用手势摆出俄亥俄州英文缩写 O-HIO 的造型来宣传俄亥俄州立大学的球队，为运动员加油助威，学校学生以及俄亥俄州的群众也会参与进来（图 3 – 14）。这个简单的手势让俄亥俄州的人们、俄亥俄州立大学的学生以及运动员将学校、运动和自己的家乡融合成一个整体，给了他们无限的精神寄托，使他们为自己的家乡、学校和球队感到骄傲和自豪。除了俄亥俄州立大学，美国其他高校啦啦队也有类似的手势。这种文化在啦啦队运动中普及并广泛传播。例如，麻省理工学院的留学生效仿啦啦队队员，用手势做出校名英文缩写 MIT（图 3 – 15）。密歇根州群众在观看橄榄球赛时，模仿啦啦队队员做出 M 手势为密歇根大学球队加油助威（图 3 – 16）。

图 3 – 14 俄亥俄州立大学啦啦队 OHIO 手势

图 3－15　麻省理工学院留学生 MIT 手势

图 3－16　密歇根大学球赛 M 手势

各州或者学校的名称是其最重要的文化载体，啦啦队运动利用手势将这些文化元素与啦啦队运动文化紧密结合在一起，一方面丰富了啦啦队运动的文化内涵，另一方面增进了社会主体对啦啦队运动文化的认可。

3.3.1.3　啦啦队运动文化与美国传统节日紧密结合

据美国统计局的数据显示，美国人中约有 80% 的欧洲裔移民、约 13% 的非洲裔移民、约有 4.4% 的亚洲裔移民以及约 1.2% 的原居民和约 1.8% 的多种族后裔。这样多元化的文化生态环境造就了美国独特而丰富的文化内涵。节日是美国文化的根基和缩影，是美国民族文化的传承。啦啦队运动与美国传统节日关系密切，尤其与圣诞节和感恩节的结合最为紧密。

圣诞节是美国最重要的节日，它是庆祝耶稣诞辰的节日。若追根溯源，啦啦队运动与美国圣诞节关系十分密切。最早庆祝圣诞节的方式是在教会参加弥撒等一系列特殊的礼拜仪式，弥撒活动中有主祭的领和信友的答。除此之外，在举行礼拜仪式的过程中还会夹杂唱诗、舞蹈、乐器演奏等。圣诞节礼拜仪式中的庆祝形式与原生态初期啦啦队运动的表现形式非常接近，啦啦队运动口号中队员与观众的互动正与主祭和信友的问答如出一辙。随着社会的不断发展，美国人在圣诞节期间除了参加教会活动、装扮房间、互赠礼物、互送祝福外，还会举行各式庆典和圣诞游行来庆祝节日。啦啦队运动最初的目的本是庆祝，因此啦啦队运动加入圣诞游行的队伍成为必然。圣诞游行一般在圣诞节前的一个月内举行。近年来，美国各地的圣诞游行都有啦啦队队员的身影，如加利福尼亚州好莱坞影城、佛罗里达州迪士尼世界（图 3－17）以及各个城市的圣诞游行。2014 年 12 月 5 日—8 日，在佛罗里达州迪士尼世界举办了一年一度的 NCA 和 NDA 圣诞游行。此游行在圣诞节当天通过电视转播展现在全世界观众面前。所有参与训练营的 NCA 和 NDA 成员以及比赛成绩优异的个人或团队都有可能被选入圣诞游行的队伍。这对于全美啦啦队队员来说，是对她们成绩的认可和肯定，圣诞游行激发了美国啦啦队队员的进取精神，让她们更加投入啦啦队运动。此外，由于佛罗里达州迪士尼世界为每年的世界啦啦队锦标赛提供场所，因此其圣诞游行也少不了啦啦队队员的加入。啦啦队运动与圣诞节相得益彰，已融合为一个统一的整体。

图 3－17　佛罗里达州迪士尼世界圣诞游行

感恩节是美国第二大节日。它是合家欢聚、享用大餐以及表达感谢的重要节日。无论在季节、内容、形式还是在其重要性等方面都与中国的中秋节类似。1621 年，美国第一批移民为了感谢印第安土著民的帮助以及上帝赐予的丰收，点起篝火举行宴会，享用美味的同时还举行了唱歌、跳舞、摔跤、赛跑等一系列活动。但直到 1941 年，美国国会才正式把每年 11 月的第四个星期四定为联邦法定节假日“感恩节”。许多庆祝活动也一直流传下来。最著名、规模最大的活动当属 1924 年由美国梅西百货公司（Macy's Department Store）举办的感恩节游行（Thanksgiving Day Parade）。其中，以载歌载舞和体育活动庆祝节日的形式为啦啦队运动和感恩节的结合提供了契合点，为啦啦队运动加入感恩节游行创造了机会。每年感恩节当天，在美国纽约举行梅西感恩节游行，吸引了无数大学的军乐队以及来自 UCA、UDA、NCA、NDA 的啦啦队队员的参与（图 3－18）。啦啦队队员需报名参与 5—7 月或 8—9 月的夏令营，在参与夏令营的队员中选出一部分和全国顶尖的啦啦队队员一起参与梅西感恩节游行。由于此项活动意义重大，因此对于入选的啦啦队队员来说是一份荣誉，会激励她们更加专注于这项运动。除此之外，像芝加哥、洛杉矶和休斯顿等这种以体育运动闻名的城市在举行感恩节游行时同样有啦啦队队员以及球队吉祥物的身影（图 3－19），她们的参与不仅活跃了节日气氛，还彰显了城市特征。

图 3－18　梅西感恩节游行

图3－19　美国休斯敦感恩节游行队伍中的啦啦队队员和吉祥物

美国传统的圣诞节和感恩节中包含了娱乐元素。随着美国经济的发展以及人民生活水平的提高，节日庆祝中娱乐化成分增多、形式更加多样化。一方面，庆祝美国传统节日与啦啦队运动的娱乐表演功能相吻合，使啦啦队运动很自然地成为这两大节日活动中的一部分，并且成为一种传统和文化。另一方面，啦啦队运动通过美国传统节日宣传了项目本身，促进了啦啦队队员成为庆祝美国传统节日众多参与者中的一员，使其文化更好地融入美国文化生态系统。

3.3.2　啦啦队运动文化与美国文学

文学作品来源于生活。啦啦队运动作为美国社会生活的重要组成部分，为文学的艺术创作提供了灵感，成为美国社会文化的一种表现形式。与啦啦队运动相关的文学作品主要体现在小说和剧本中，这些小说和剧本的内容和风格各异，但却从不同的层面反映出啦啦队运动的内涵以及其在美国文化中的地位。

3.3.2.1　啦啦队运动文化为小说提供素材

小说属于四大文学体裁之一，是以塑造人物形象为中心，通过叙述完整的故事情节以及描写具体的环境来反映现实社会生活的一种文学体裁。啦啦队运动为小说提供了丰富的素材，以啦啦队运动为题材的小说通过描写队员个性特征、现实生活状态、与其他角色间发生的故事来塑造各种各样的人物形象。啦啦队运动在小说这种文学体裁中被加工和完善，源于生活而高于生活。

1985 年，一部以啦啦队运动为主题的系列小说 *Sweet Valley High*（图3－20）登上《纽约时报》平装版畅销书排行榜之首。这部长篇小说刻画了一对双胞胎姐妹——伊丽莎白和杰西卡，伊丽莎白是一名记者，而杰西卡是一名受欢迎的啦啦队队长。小说以啦啦队运动作为主线展开，故事情节跌宕起伏、引人入胜，由于小说畅销程度很高，后被翻拍成电影，风靡全美。此后，随着啦啦队运动的普及，小说的创作者逐渐把目光转向啦啦队运动。*Mr. Paradise* 是埃尔莫尔·伦纳德的小说作品，它以啦啦队队员为中心展开故事，被评为2004年度《纽约时报》最畅销的小说。小说封面描绘了一名身着蓝黄两色队服的啦啦队队员在一辆黑色轿车上展现啦啦队的难度动作——自由女神姿势（图3－21）。这部小说围绕一群喜欢观看密歇根橄榄球赛的人之间发生的故事展开，啦啦队队员与其他角色之间的情感纠纷和利益纠葛构成了小说的矛盾冲突。小说中用大量文字刻画了啦啦队队员的形象，并描绘了啦啦队队员作为营销工具对体育运动市场化的贡献以及对啦啦队队员管理问题的揭露。虽然小说这种文学体裁来源于生活，但此小说在反映当前美国啦啦队伍建设问题的同时也有其夸大的一面。

图3－20　弗朗辛·帕斯卡尔
Sweet Valley High

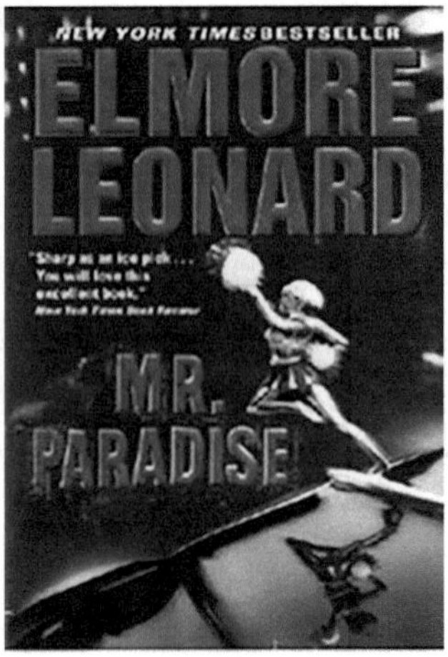

图3－21　埃尔莫尔·伦纳德作品
Mr. Paradise **封面**

以美国的自然环境和社会环境为背景，啦啦队运动在小说创作者的笔下成为美国文化生活的载体。啦啦队运动本身具有的观赏性、娱乐性作为美国文化的象征，使啦啦队运动与美国文学之间产生了紧密联系。一方面，啦啦队运动为美国小说提供了素材，根据啦啦队队员典型人物形象的特征引发了特定的主题，开阔了创作者的视野；另一方面，小说的广泛传播促进了美国社会主体对啦啦队运动文化的认可，加速了啦啦队运动文化融入美国文化生态系统。

3.3.2.2 啦啦队运动文化登上戏剧舞台

20 世纪初，在啦啦队运动的原生态阶段，美国戏剧逐渐趋于成熟，注重描绘当时美国社会的真实生活。与此同时，美国戏剧中也加入了啦啦队运动元素，甚至登上了百老汇的舞台。可见，啦啦队运动在那个时代已经成为美国社会文化生活的一部分。

早在美国女权运动时期，一部分女权主义者借助啦啦队运动这一形式在戏剧中宣传妇女解放（图 3－22），她们身着啦啦队队服边欢呼、边舞蹈，通过啦啦队运动的戏剧舞台艺术来争取自己的自由。随着啦啦队运动的不断发展，它和戏剧的结合越来越多见，迪士尼音乐剧《歌舞青春》（*High School Misical*）获得全球 1 亿人次的高收视纪录以及两项艾美奖。它是根据电影版改编的同名音乐剧。舞台版的《歌舞青春》虽源自电影版本，但并不完全是它的翻版。音乐剧的表达较为抽象，给观众更多想象的空间。时尚的高中校服加上棒球队、篮球队和啦啦队队员的出场，使此部音乐剧充分展现了啦啦队运动所富有的青春活力、健康向上和团队精神。2011 年，有啦啦队队员形象的音乐喜剧《吕西斯特来忒·琼斯》（*Lysistrata Jones*）进军百老汇，得到美国戏剧界诸多好评，并在次年第 66 届托尼奖中被评选为最佳音乐剧剧本奖。该剧讲述了以吕西斯特来忒·琼斯为首的女性为了结束伯罗奔尼撒战争与男性展开斗争的故事。音乐剧中女性身着啦啦队队员服饰，摆出“A”字形队形，为反对战争呐喊、舞蹈（图 3－23）。啦啦队运动的音乐、服饰、呐喊方式以及舞蹈动作为这部音乐剧增色不少。《纽约时报》评论：“这是一种新兴的音乐剧形式，它将沸腾整个戏剧界。”

图 3－22　女权主义者戏剧表演场景

图3－23 《吕西斯特来忒·琼斯》海报和舞台场景

戏剧以其集中的场面、逼真的人物、尖锐的矛盾向社会大众展示了啦啦队运动文化的魅力，给予观众直观的视觉冲击，加深了社会大众对啦啦队运动的了解，使得啦啦队运动的文学形象更加丰满。

3.3.3 啦啦队运动文化与其他艺术形式

20世纪60年代至今，美国高中啦啦队队长以其青春、甜美抑或是堕落、讽刺的形象深入人心。这一双重形象不仅出现在小说和戏剧中，而且在影视作品、漫画和电子游戏中也多有涉及。

3.3.3.1 啦啦队运动文化成为电影题材

1893年，爱迪生发明电影视镜并创建摄影场使美国进入了电影时代。从无声电影时代开始，美国人就把电影当作一种艺术表达形式为人们提供娱乐。体育电影是美国电影行列中独具特色的一类，它把各种形式的运动项目搬上银幕。随着啦啦队运动竞赛发展普及阶段的到来，以啦啦队运动为主题的电影越来越多并受到广大观众的好评。

2000年，《美少女啦啦队》（*Bring It On*）系列电影（图3－24）开启了以啦啦队运动为题材的高票房电影的先河，且在9年时上映了5部，影片多次蝉联全美电影票房榜之首并受到美国观众热捧。

5部影片的主题均是美国校园啦啦队间的竞争以及高中啦啦队队员青春励志的故事。极富节奏的音乐、惊险的体操技巧、精彩的舞蹈编排、感情丰富的队员以及跌宕起伏的剧情为《美少女啦啦队》增光添彩不少。影片中不仅展现了个人主义和英雄主义这种美国体育电影中偏好体现的文化，而且展示了美国啦啦队运动管理体制的完善和健全以及比赛场所、运动经费等物质基础的丰富。

图3-24 《美少女啦啦队》海报

继《美少女啦啦队》之后，一系列以啦啦队运动为主题的电影陆续上映，如《啦啦队夏令营》(*Fired Up*)(图3-25)、《第一啦啦队长营》(*Cheerleader Camp*)(图3-26)、《地狱猫啦啦队》(*Hellcats*)、《歌舞青春》(*High School Misical*)等。这些影片均围绕啦啦队运动展开且题材各异，主要包括喜剧片、爱情片、音乐歌舞片等。除此之外，一部分影片为了表现青春和活力，也穿插有啦啦队运动的片段，如剧情片《美国丽人》(*American Beauty*)(图3-27)、科幻片《超能英雄》(*Heroes*)等。这些影片也因为啦啦队运动的加入获得了世界著名的电影奖项，如英国电影和电视艺术学院奖、加州电影奖、欧洲电影奖、美国艾美奖、国际艾美奖等。在以上影视作品中，啦啦队队员的形象比较完美，成为青春、美丽、可爱的代名词。

图3-25 《啦啦队夏令营》剧照

图 3－26　《第一啦啦队长营》海报

图 3－27　《美国丽人》剧照

20 世纪 60 年代，美国反文化运动的兴起使得“拒绝”和“反抗”成为主流价值观，尤其表现在年轻一代的行为模式上。在这样的社会文化背景下，啦啦队队员的美好形象被颠覆，影视作品中开始讽刺地刻画啦啦队队员的堕落和不堪，啦啦队队员成为反面教材。如 20 世纪 70 年代，《摇摆的啦啦队长》（*The Swinging Cheerleaders*）（图 3－28）、《撒旦的啦啦队长》（*Satan's Cheerleaders*）（图 3－29）和《美国啦啦队》（*H. O. T. S.*）3 部电影中的啦啦队队长不再是以往甜美和害羞的邻家女孩。影片以讥讽和惊悚的视角刻画了啦啦队运动中的不法交易，贬低了啦啦队队员及其所代表的文化。20 世纪 90 年代，带有讽刺的浪漫喜剧《但我是一个啦啦队队长》（*But I'm a Cheerleader*）（图 3－30）在嘲讽啦啦队运动的同时反映了那个时代的流行俚语和同性恋文化，虽然这些形象在现实生活中并没有牢固的根基，但却顺应了那个年代的美国文化潮流。

图3－28 《摇摆的啦啦队长》DVD 封面

图3－29 《撒旦的啦啦队长》海报

图3－30 《但我是一个啦啦队队长》海报

啦啦队运动文化通过电影这种艺术形式得到传播，使观众从电影中更加了解啦啦队运动项目本身以及其所富有的文化内涵，并促进了拍摄地区影视文化产业的发展。

3.3.3.2 啦啦队运动文化载入漫画

漫画是一种融文学、绘画、美术设计、戏剧电影理论为一体，用夸张的手法来描绘现实生活和事实的视觉艺术形式。20 世纪 90 年代，啦啦队运动开始被漫画等一系列大众传媒关注，在被不断重新塑造的过程中形成对立统一的 2 个方面：完美的文化形象和讽刺的文化形象。

在漫画家的笔下，当代啦啦队运动通常与其正面形象紧密联系，主要体现在年轻女性外向的性格、健康的身心、富有吸引力的身材（图 3－31)、社会流行趋势的代表，这些特质反映了性别角色中女性社会角色的文化意蕴。对于初、高中学生来说，优秀的啦啦队女队员是学生中精英的代表。对成年人来说，这一形象继续延续并成为朝气、成功和吸引力的代名词。现役或退役啦啦队队员被认为是取得了成就的人，在 20 世纪 90 年代的美国家庭中，一名成绩获得“A”并担任过啦啦队队员的大学毕业生被认为是家庭中唯一取得成功的人，这种观点使啦啦队队员成为具有声望和荣誉的代表。图 3－32 是 1991 年唐·阿迪斯的漫画，画中描绘了球员与啦啦队队员的更衣室在球场边的同一个位置，驳斥了啦啦队运动是其他体育运动附属品的观点，暗示了啦啦队队员和球员一样被媒体所关注，突显了啦啦队运动的重要地位。因此，在漫画中，啦啦队女性队员被刻画为美丽、良好品行以及提供情感支持等女性社会角色的代表，体现了啦啦队运动文化的正面形象。

图 3－31 啦啦队队员的曲线

图 3－32 1991 年唐·阿迪斯的漫画

相对于啦啦队运动的正面形象，其负面形象在漫画中体现得同样根深蒂固，如女性队员的自负、愚蠢、轻浮等。这些特质反映了社会集体对女性社会角色的质疑，对啦啦队运动文化作用和价值的迷惘，文化焦虑弥漫其中，美丽、独立、智慧等社会期望的女性形象受到威胁。20世纪80年代，形容啦啦队运动负面形象的词更多的与男性政治人物联系在一起，如啰嗦、无用、旁观者以及被抨击的对象等。由于啦啦队被看成是女性的运动，因此用在男性角色上具有讽刺意味。大众对啦啦队运动固有的负面印象还停留在队员强壮的体魄和简单的头脑上。从女性文化方面来理解，身体形态上的特点比其智慧更让人关注。这种固有印象在啦啦队运动中尤为明显，认为女性队员注重的是强壮的肌肉而不是聪明的大脑。美国连环漫画创造者汤姆·巴蒂尤克在其长篇连环漫画《时髦的威克比恩》中，描绘了某一高中啦啦队队员的欢呼："Give us a T! Give us an E! Give us an A! Give us a M! What's that spell?"然后其中一名啦啦队队员转向另一名队员问道："What does that spell?"汤姆的漫画反映了20世纪90年代大众对啦啦队运动的负面印象——愚蠢的金发女郎形象。20世纪80年代到90年代，美国的漫画、卡通、艺术作品以及电影把啦啦队运动比作矛盾的象征，其矛盾形象同时传达了此运动的正面和负面元素。一方面，啦啦队运动被看作是比赛中毫无意义的延伸部分；而另一方面，啦啦队运动作为给予积极支持的符号又得到社会的认可和宣扬。

总之，漫画中的讽刺都来源于社会大众对于啦啦队运动的看法，不管其代表了最好的抑或是最差的美国文化，起源并流行于美国的啦啦队运动如同麦当劳和爵士乐一样，是极具有美国特色的文化，这个事实在很大程度上揭示了美国社会大众多样化以及矛盾的价值观。

3.3.4 研究小结

啦啦队运动是从美国原始部落起源的一项体育运动，在这项运动产生的过程中就赋予其最原始、最纯粹的美国文化内涵。随着啦啦队运动文化与美国文化生态环境中各种文化元素的融合，啦啦队运动在美国的风俗中成为美国人们的心理寄托，在美国的文学中成为美国人们抒发情感的载体，在美国丰富的艺术世界中成为美国人们关注的焦点和体验的对象。啦啦队运动自身所具有的文化价值，满足和实现了啦啦队运动在美国整个文化生态系统中的集体意识和归属心理，使得啦啦队运动与美国文化生态系统产生了密切的关系。一方面，啦啦队运动文化丰富了美国文化生态系统的内容；另一方面，美国文化生态系统为啦啦队运动的传承和传播创造了良好的文化环境。

3.4 啦啦队运动文化的传承与传播

每一种文化的发展和变迁都是由时间和空间两个维度构成的，啦啦队运动文化亦是如此。在时间维度方面，啦啦队运动文化的延续体现在其纵向的传承方面；在空间维度方面，啦啦队运动文化的延展体现在其横向的传播方面。在经济社会快速发展、多元文明冲突与交融的文化生态环境下，文化的传承与传播是每一个国家和民族不可回避的命题。研究啦啦队运动文化，只有从纵向传承和横向传播 2 个方面进行，才能通过对事物之间关系的考察了解啦啦队运动的发展规律，从而更深刻地剖析啦啦队运动与文化生态环境间的关系以及此项运动的发展现状。

3.4.1 啦啦队运动文化的传承

文化的传承是指在特定的环境中文化的传递和继承，文化依赖传承而实现可持续发展。文化的传承是在保留旧文化元素基础上的创新和再造，发展新的文化元素，不断丰富其内涵的过程。文化的传承实际上是一个国家或民族行为意识不断发展的过程，一切国家和民族的文化都是在不断的传承中动态发展的。

体育文化以语言、文字、图像、动作等传播信息为媒介在人们的意识领域和社会价值体系中传承。然而肢体活动是其基本的表现形式，因此身体是体育文化最主要的传承形式。但依附于体育文化之上的语言和文字等也具备强大的传承功能。对于啦啦队运动文化来说，其发展变化受到整个体育文化生态环境的影响。用辩证否定的哲学观来解释，即当整个体育文化生态环境发生变化时，为了更好地适应新的体育文化生态环境，啦啦队运动文化中一部分旧的艺术表现形式被改变，取而代之产生新的艺术表现形式以适应时代的发展。新的艺术表现形式是在旧的艺术表现形式中孕育而生的。在啦啦队运动艺术形式的变迁过程中，新的艺术形式一方面否定、克服了旧事物中过时、腐朽的东西；另一方面又吸取、继承了旧事物中某些合理的、仍然适合新的体育文化生态环境的因素，并添加了旧事物中所无法容纳的新内容，以促进新事物的发展。

3.4.1.1 啦啦队运动文化传承的方式

体育是美国社会生活中一种健康的生活方式。美国社会已形成积极参与体育的文化氛围，探讨体育文化必须把它放在美国文化生态的大环境中去研究，而不能避开美国文化片面地看问题。兼容并包的多元文化生态环境孕育了美国多元、多层的体育文化结构，使美国体育文化呈现出风格各异、百花齐放的特点。啦啦队运动作为美国体育文化的标志之一，具有美国体育文化的共同特性即多元性。这种多元性的特点造就了啦啦队运动传承方式的多样化，主要包括自然传承、书面传承、学校教育传承和社会传承整合的方式。

3.4.1.1.1 自然传承

无论是哪个国家还是哪个民族，舞蹈在其原始民族的生活中都是最突出、最普遍也是最主要的艺术形式。凡是可以激发人们快乐情感的事情都可以用舞蹈的形式表演出来，凡是生活中较为重大的事件都可以用跳舞来表示庆祝，如粮食丰收、打猎胜利、出征前的仪式、友好部落会合等。

啦啦队运动的雏形正是来自族人为激励外出打猎的战士和庆祝战士们狩猎凯旋给予的手舞足蹈的欢呼和鼓励。这类舞蹈具有强大的社会内聚力，这种力量也随着时空的推移传承到了啦啦队运动文化中。啦啦队运动的雏形以及原生态发展初期多采用口传身授的自然传承方式。早期的传统礼仪性的舞蹈一般在节庆或是劳作间隙大家集体参与，这类活动没有固定的程式，也不受时间、场合和人数的限制，以娱乐性和即兴性为主要特征，没有专门的教授，仅需大家在一起又唱又跳，久而久之便能掌握。宗教仪式类的舞蹈则由上一代的族人言传身教给他们的接班人。他们没有专门的记录方法，身体动作是他们唯一能够记录和教授的工具，他们通过一招一式教授给他们的后人。族人在舞蹈的同时会自发地运用各种原始道具来进行伴奏和装饰。除此之外，在某些传统的宗教舞蹈中，人们常戴上面具、绘上花纹或图腾来舞蹈。啦啦队运动原始雏形中的这些元素，通过自然传承的方式传递到现在的啦啦队运动中。如啦啦队运动中口号的使用、头饰的佩戴，舞蹈啦啦队中花球、道具、吉祥物的运用就是典型例子。啦啦队运动第一次有记录的欢呼是在1869年罗格斯大学对阵普林斯顿大学的橄榄球赛上，观众自发欢呼的方式吸引了日后更多的参与者，通俗的口号和简单的动作在欢呼者中自然传承。在这些自然传承的过程中，人们对物质世界和传统文化的认识逐渐发生变化，新的文化以及表现形式不断被发现，使得人们在已有的表现形式上接受新事物增添新元素。

从社会学和文化学的意义上来看，任何社会的各个方面都是一个整体的系统。内部各个要素有机联系、相互作用，研究任何一种社会现象、社会过程或社会问题均应联系社会、自然和人的多种因素加以考察。自然传承对于啦啦队运动的发展有利有弊。自然传承的优势在于族人以及最初的欢呼者在一个相对融洽和自由的氛围中对此项运动相关的动作以及口号进行创造，心无杂念且不易受外界干扰，使最初啦啦队运动的表现形式真实并具有原有的魅力，给日后的啦啦队运动发展提供了最原始、最具想象力的素材，同时让这项运动保持着自己的个性。但不管怎样，自然传承会使啦啦队运动富有局限性，限制了啦啦队运动文化的交流和创新。虽如前所述，自然传承的过程中会不断发现新的文化和艺术表现形式，然而在啦啦队运动的雏形阶段和原生态的初期阶段，较为封闭且不发达的社会环境使之与其他文化接触的机会十分有限，这就严重阻碍了啦啦队运动的创新，不利于啦啦队运动的快速发展。

3.4.1.1.2　书面传承

啦啦队运动文化的书面记载在其发展史上具有卓越的贡献，它们将前人对于啦啦队运动的相关知识、技能以及对于啦啦队运动文化的观点、看法较完整地保留下来，为后人了解啦啦队运动文化并在此基础上进一步完善啦啦队运动的各个方面提供了有利借鉴。

马克思主义哲学观中物质与意识的辩证关系告诉我们，物质决定意识，意识对物质具有能动作用。啦啦队运动中的欢呼和口号作为意识的表现形式，是啦啦队整个团队精神面貌、目标和理念的象征，是对啦啦队运动文化最直观、最真实的反映。如前所述，啦啦队运动第一次有记录的欢呼来自1869年罗格斯大学对阵普林斯顿大学的橄榄球赛，口号中反复出现普林斯顿以及代表普林斯顿虎队的单词以表示对于该校队员的鼓舞："Ray, ray, ray! Tiger, tiger, tiger! Sis, sis, sis! Boom, boom, boom! Aaaaah! Princeton, princeton, princeton!"至此，美国各大高校的校史上关于啦啦队运动口号的记录不断增加，一些口号既表现了作为啦啦队队员的文化自豪感又体现了啦啦队队员极富激情的特点。"We are Cheerleaders; Couldn't be Prouder; If you Can't Hear Us; We'll Shout a Little Louder."还有一些口号则体现了美国文化中对于基督的信仰："Hey, We've got the squad; That's close to god; And she told us; To make a fuss,

Hey.”另一些口号表达了啦啦队队员的爱国主义情怀：“Pump，Pump，Pump It Up！Pump that Patriot Spirit Up！”以美国俄亥俄州立大学为例，通过查阅该校图书馆史料搜集到关于该校啦啦队口号、队歌、图片等一系列资料。1917 年，该校啦啦队一连串口号极具代表且简单易懂（图 3 -33），如“O-O-O-O，H-H-H-H，I-I-I-I，O-O-O-O，OHIO”“Wa-ho，Wa-ho；Rip，Zip，Ba-zo；I yell，I yell，Ohio.”“O-hio，Rah；Ohio，Rah；Rah，Rah；Ohio.”等。文献不仅记载了口号内容，还记录下了呼喊的节奏和方式。例如，以慢速连续呼喊 3 次，然后逐渐加快，最后所有啦啦队队员齐声呼喊。1957 年的校历上记录了该校啦啦队口号新增的内容，此内容通过书面形式传承下来，成为如今俄亥俄州立大学校啦啦队运用最频繁、最广泛的口号之一：“OH-IO，OH-IO，OH-IO，OHIO！”以及“B-u-c-k-e-y-e-s，Buck-eyes，Fight！”OHIO 代表俄亥俄州，Buckeyes 代表俄亥俄州立大学雄鹿队，此口号的吟唱方式由啦啦队队员呼喊 OH，观众齐声呼喊 IO，队员呼喊 B-u-c-k-e-y-e-s，观众呼喊 Buckeyes，这种完美的互动方式一直沿用至今，成为啦啦队运动文化的重要组成部分。1980 年，该校音乐系的教授为鼓舞雄鹿队的运动员创作出啦啦队队歌并记载在校历上（图 3-34）。歌词描绘了橄榄球赛场上比赛的状态，记录了鼓舞士气的话语，通过书面形式保留下来并成为该校人尽皆知的歌曲。书面传承方式除了啦啦队运动口号和队歌外，还有关于啦啦队队员加油方式的图片和文字记录，这些内容通过书面形式流传下来，给日后的啦啦队提供参考和借鉴。图 3-35 描绘了 20 世纪 70 年代早期，俄亥俄州立大学啦啦队队员在球员进球后为表示崇拜而采用的助威方式。男女队员间隔排列，交替面对进球队员做膜拜姿势并加油呐喊，这种方式通过书面形式传承并被该校现代的啦啦队队员沿袭。

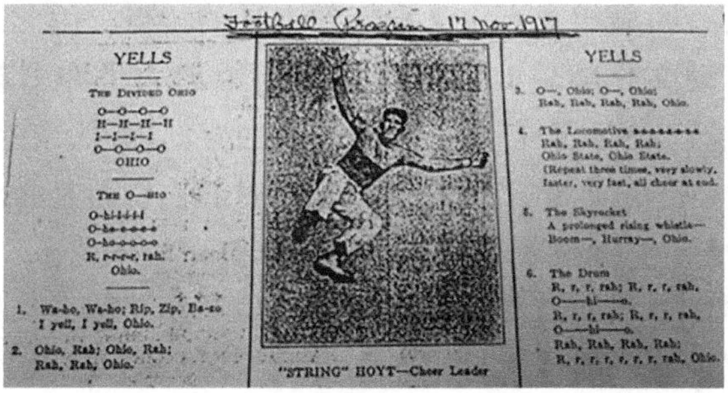

图 3-33　1917 年俄亥俄州立大学啦啦队口号记载

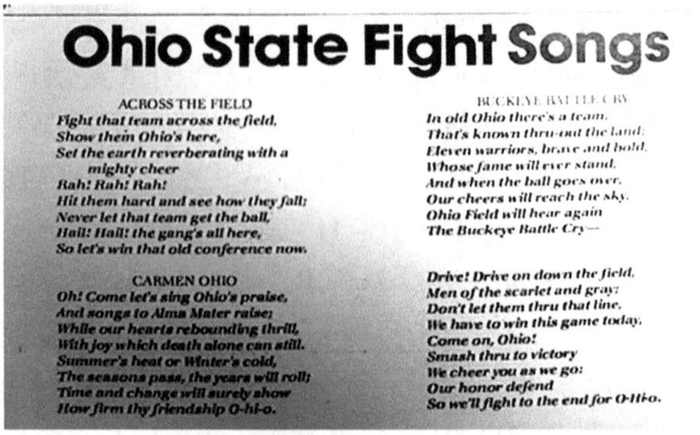
Ohio State Fight Songs

ACROSS THE FIELD
Fight that team across the field,
Show them Ohio's here,
Set the earth reverberating with a
mighty cheer
Rah! Rah! Rah!
Hit them hard and see how they fall;
Never let that team get the ball,
Hail! Hail! the gang's all here,
So let's win that old conference now.

CARMEN OHIO
Oh! Come let's sing Ohio's praise,
And songs to Alma Mater raise;
While our hearts rebounding thrill,
With joy which death alone can still.
Summer's heat or Winter's cold,
The seasons pass, the years will roll;
Time and change will surely show
How firm thy friendship O-hi-o.

BUCKEYE BATTLE CRY
In old Ohio there's a team,
That's known thru-out the land;
Eleven warriors, brave and bold,
Whose fame will ever stand,
And when the ball goes over,
Our cheers will reach the sky,
Ohio Field will hear again
The Buckeye Battle Cry—

Drive! Drive on down the field,
Men of the scarlet and gray;
Don't let them thru that line,
We have to win this game today,
Come on, Ohio!
Smash thru to victory
We cheer you as we go:
Our honor defend
So we'll fight to the end for O-Hi-o.

图 3－34　1980 年俄亥俄州立大学啦啦队队歌

图 3－35　20 世纪 70 年代早期俄亥俄州立大学啦啦队助威方式

相对于自然传承的方式，书面传承能突破学校、地区、时代的限制，扩大了啦啦队运动文化的传播范围，避免了口传心授导致的疏漏或遗忘。但书面传承与自然传承并不是对立的两种传承方式，它们相辅相成，融为一体。不过无论是自然传承还是书面传承，其传承的内容都是前人留下来的东西。美国的多元文化生态环境决定了其对传统文化富有批判精神，具有明显的个人主义和标新立异的特点。因此在前人的基础上，啦啦队运动文化随着时代的进步不断地加入了许多新的元素和风格，不同的学校、地区会创造一些专属的内容。因此，在美国这种文化生态环境下，啦啦队运动文化的继承是相对的，创新是必然的。

3.4.1.1.3　学校教育传承和社会传承整合的方式

学校教育传承和社会传承整合的方式是当今美国文化生态环境下啦啦队运动文化最普遍的传承方式。来自世界各地的人民和他们的后裔将自己的民族文化带入美国，经过近两百多年的融合、创新，形成了今天的美国文化。现代美国文化的主要内容强调个人价值，追求民主自由，崇尚开拓和竞争，讲求理性和实用。其核心是个人中心主义，强调通过个人的奋斗和努力实现个人价值。除此之外，美国公众注重成就，有深厚的成就崇拜和英雄崇拜的心理积淀。职业体育中的各类明星成了新时代的美国英雄，他们个人以及集体的奋斗过程和结果成了社会文化价值取向的参照系。最初的啦啦队运动作为高校运动队以及职业体育的附属品，表达了他们对于球员的崇拜以及鼓励。时代的发展导致啦啦队队员追求个人价值和利益最大化的需求不断扩大，使得啦啦队运动不再是职业体育和各种联赛的附属品。她们以全新而独立的面貌出现在世界面前，国际媒体称“她们比联赛本身更能吸引观众和球迷”。在这样的文化生态背景下，学校教育传承和社会传承整合的方式占据了啦啦队运动文化传承的主导。

美国的教育注重学生的人格发展，而体育是培养人格的重要手段，因此体育成为美国中小学和大学教育的核心，是精英教育的主课之一，啦啦队运动文化在这样的教育背景下传承下来。目前，啦啦队运动不仅存在于美国大学和中小学，甚至在向幼儿园发展。美国大学和中学的啦啦队地位已经与学校篮球队和橄榄球队不相上下。学校主要通过校园官网来发布相关信息，如俄亥俄州立大学官网中关于校啦啦队的内容（图3-36）主要包括俄亥俄州立大学啦啦队夏令营和培训班信息、俄亥俄州立大学啦啦队章程、俄亥俄州立大学啦啦队队员选拔条例、俄亥俄州立大学啦啦队校友会信息、啦啦队教练员和现役队员信息、赞助商信息等。学校网站以它的开放、高效、大信息量等特点成为啦啦队运动文化学校教育传承的重要平台。借助这个平台，美国中小学尤其是大学推进啦啦队运动人才培养与啦啦队文化传承与创新的对接，为啦啦队运动文化传承开辟新路。然而，学校和社会处在同一个文化生态环境中，学校是整个社会的大生态系统中的子系统。啦啦队运动文化的学校教育传承和社会传承相互影响，学校教育传承会制约社会传承；反之，社会传承也会影响学校教育传承的状态。社会传承的主要载体包括诸如报纸、电视、广播、杂志、网络等多元化的大众媒体。啦啦队协会、啦啦队用品或赛事运营公司举办的各类训练营、培训班和各项赛事等，这些社会传承方式具有广泛的覆盖面和巨大的影响力。电视、广播和网络是现代科技的产物，它们直观、形象、快捷等优势使啦啦队运动文化的传承极具影响力和渗透力。一系列训练营的开办和各类赛事的举办使啦啦队运动品牌化，引发了对投资和商贸等需求的变化，带动了交通、旅游、购物、广告和金融等相关产业的发展，拓宽了啦啦队运动文化的传承路径，为中小学以及高校啦啦队提供了更多的学习和交流经验的机会。因此，新时期的啦啦队运动文化除了借助学校教育传承，还结合了社会传承的方式，这种整合资源传承文化的方式更有利于现代文化生态环境下啦啦队运动文化的传承与创新。

图 3－36　俄亥俄州立大学啦啦队官网

3.4.1.2　啦啦队运动文化传承的队伍种类

啦啦队作为一个共同展示啦啦队运动文化的群体，是以团队的形式出现的，因此啦啦队不同种类的队伍展现了不同的啦啦队运动文化。依据不同的功能和目标，啦啦队队伍分为校办啦啦队、全明星啦啦队和职业啦啦队 3 类。

3.4.1.2.1　校办啦啦队

大多数的美国初、高中和大学啦啦队运动纯粹由学生组成，少数高校的啦啦队参与相关比赛并能得到学校提供的啦啦队奖学金。学校主办啦啦队运动的主要目的是培育学校精神、促进学校发展、激励球员和球迷以及为参与者提供享受的平台。这种类型的啦啦队主要在场外为各地、各州以及全美各大体育赛事服务，欢呼鼓舞球员斗志，激发观众参与热情。

大学的校办啦啦队最常参加的比赛是环球啦啦队协会每年在佛罗里达州奥兰多市举办的 UCA 和 UDA 全国大学生啦啦队锦标赛，比赛的风格和规则每年都会做出调整以鼓励创编出最新和最热门的套路。许多参赛队伍会聘请专业的舞蹈编导来编排套路，保证在不违规的情况下能超越其他参赛队伍。套路规定时长约 2 分 30 秒，内容包括欢呼、舞蹈、跳跃、翻腾和特技 5 个部分。啦啦队教练员会在赛季开始前参加关于比赛规则的会议以确保熟知和遵循新规则。大学主办的啦啦队周密安排部署全年活动，从春季学年前的选拔赛、成立训练营、训练工作安排、参与不同赛事到冬季后全美赛季的比赛工作。美国学校通常采用学期制和学季制 2 种校历，而大多数高校选择 1 年 2 个学期的学期制，即 9 月初到 12 月末是第一个学期，也叫秋学期；1 月至 5 月中是第二个学期，也叫春学期。校办啦啦队通常在春学期末进行选拔，在夏季组织入选者进入啦啦队夏令营集训。选拔赛一般持续 3 天左右，啦啦队教练员在选拔赛前夕会组织培训班教授和复习考核的基本内容，给老队员和欲参选的新队员同等的机会熟悉诸如跳跃、翻滚、口号、基本动作和舞蹈能力等考核内容。

美国高中通常一个学校有 2 个甚至多个啦啦队，如校级啦啦队、校啦啦队二队或三队等。三队的成员一般由刚开始接触啦啦队的新人即低年级的非主力队员组成，一般通过考核后先参加最低级别的队伍，随着年级的晋升和经验的增加，可以慢慢加入更高级别直到进入校级啦啦队，获得为校级赛事加油助威的机会。啦啦队的新人需要通过学校组织的测试来判定是否能进队，虽然每个高中的测试内容和形式各不相同，但多数学校的测试内容包括基本体能、舞蹈技巧和自由发挥 3 个部分。通过走访俄亥俄州哥伦布市 5 所高中得知，基本体能通常有 800m 跑或 1 500m 跑，触趾（Toe touch）、长矛（Pike）、侧跨栏（Herkie）、跨栏（Hurdler）、双九（Double nine）等各种跳跃动作，前翻、后翻、侧翻、劈叉等各种基本体操动作以及跟着不同风格和类型的音乐跳舞。自由发挥即测试者在一个队伍中会设计出怎样的舞步和造型，这主要是考验个人想法和创造力的测试。高中啦啦队运动包含赛场啦啦队和竞技啦啦队 2 个方向。赛场啦啦队主要为诸如橄榄球队、篮球队、摔跤队等校运动队的比赛进行欢呼鼓舞。竞技啦啦队主要为参与全美各地区、各州以及全国的比赛做准备。这些啦啦队队伍有较严密的全年周期安排，如秋学期为运动队比赛欢呼加油以及参与啦啦队相关比赛，夏季每周保证 3 天、每天 2 小时的训练时间，许多啦啦队还参与额外的翻腾训练，临近比赛日训练时间增至一周、每天两次等。高中校办啦啦队运动开展广泛，全美州立高中联合会发布的调查结果显示，截至 2009 年 5 月，全美公立高中啦啦队的数量达到 394 700 人。

初中啦啦队是继高中啦啦队之后逐步发展起来的，其开展目的以及所遵循的规章制度也大都同高中相似。初中啦啦队队员为篮球赛、橄榄球赛以及其他一些学校体育比赛欢呼加油，她们会表演相似的套路为赛前动员服务并参与当地乃至全国的比赛。大多数初中啦啦队像高中啦啦队一样进行全年训练，少数学校仅有持续 1 个学期的活动时间，其所学动作与高中队员相同，只是有少许难度较大的技巧动作。

除此之外，校办啦啦队通常与学校军乐队（Marching Band）一起表演，为比赛和队员加油助威。无论是赛前热场还是中场休息，啦啦队同军乐队的完美结合，使艺术表现形式更加多元化。许多高校的军乐队和啦啦队一样有悠久的历史，如俄亥俄州立大学军乐队成立于 1878 年，至今已从 12 个成员发展到现在的 200 多名成员，其表演一直位居全美之首。它开创的很多传统成为美国大学军乐队的先锋。20 世纪 70 年代，俄亥俄州立大学军乐队受 20 世纪 30 年代飞机在空中用烟雾写出“百事可乐”字样的灵感，在表演中排出“Ohio”字样的队形来代表俄亥俄州，这一发明在当时享誉全美，越来越多的大学开始效仿这种形式的表演。

3.4.1.2.2 全明星啦啦队

20 世纪 80 年代早期，一部分啦啦队脱离了学校和体育联盟，开始萌生以比赛为宗旨的竞技啦啦队运动。这种类型的啦啦队通常被称为竞技啦啦队或全明星啦啦队（All－Star）。她们不为任何运动队加油助威，而是通过严格的训练与当地、各州乃至全美的其他队伍角逐高下。

1986 年，NCA 成立的全明星啦啦队在次年的比赛中首次亮相，之后全明星啦啦队的受欢迎程度逐年增加，越来越多的队伍靠不同的组织和公司组建起来并参与竞赛。全明星啦啦队在 20 世纪 90 年代发展迅速，其原因之一是学校缺乏足够的发展空间，一部分女生希望加入啦啦队运动却没有机会；另一个原因是美国大众对体操兴趣的下降，私人体操俱乐部把目标转向啦啦队运动以吸引新的客源。据全美州立高中联合会报道，竞技啦啦队是女子体育活动中发展最快的运动。1997—1998 学年，约 59 000 名女性参与了竞技啦啦队运动，比 1995—1996 学年约增加了近 25 000 名。最早的全明星啦啦队队员以女性为主，到 20 世纪 90 年代开始吸引男性队员参与，尤其是在高中啦啦队中。1994 年，213 名男性参与全明星啦啦队。2000 年，1 212 名男性加入竞技啦啦队的行列。全美州立高中联合会相关数据显示，2011—2012 学年，全美有 108

307 名女性和 3032 名男性参与全明星比赛。全明星啦啦队参与最主要的两项赛事是由全美啦啦操竞赛以及啦啦队训练营的赞助商 NCA 主办的，分别是 NCA 全明星全国锦标赛（NCA All – Star National Championship）以及 NCA 和 NDA 大学生技巧和舞蹈锦标赛（NCA/NDA Collegiate Cheer and Dance Championship），UCA 则负责为大学和高中啦啦队队员举办各种夏令营和培训班。除了这两项赛事以外，一些机构如 Ameri Cheer、America's Best、Cheersport、the JAM Brands、Planet Spirit、Universal Spirit 等也组织本州甚至全国性的比赛。每支全明星啦啦队一般由 5 ~35 名女性或男性队员组成，成套比赛时长为 2 分 30 秒，由技巧、翻腾、跳跃、舞蹈动作配合每队所选音乐构成。每个团队全年参与各种比赛的次数并不相同，但一般来说大多数团队倾向一年 6 ~7 场比赛。

2003 年 12 月，UCA、NCA、Cheersport 和 America's Best 公司联合成立了美国全明星啦啦队联盟（U. S. All Star Federation），成为美国所有全明星啦啦队的主管团体。他们开发了一套关于啦啦队比赛的安全准则并按照评判标准对竞赛进行严格管理。美国全明星啦啦队联盟已开发了多种项目，如教练员及运动员的证照审核、优秀青年运动员和高中毕业生运动员奖学金评审认证、安全鉴定、全美娱乐活动项目以及总统杯和社区服务奖。美国全明星联盟在 2004 年 4 月举办了第一届世界啦啦队锦标赛，当时仅有难度级别达到 5 级和 6 级并通过预选赛的队伍才有资格参加这项赛事，美国队赢得了绝大多数奖牌。近年来，越来越多来自世界各地拥有实力的团队参与此项赛事，这项赛事自 2004 年后已逐渐成为具有一定声望和流行趋势的竞赛活动。2007 年，15 个不同国家的 100 多支队伍在世界啦啦队锦标赛上一争高下。2009 年，所有难度级别的队伍都拥有参赛资格，每个级别的优胜者进入全球锦标赛的争夺以获得世界冠军的头衔，约有 30 个国家参与其中。与此同时，来自全美的啦啦队教练员为制定统一的竞赛规则聚集在一起，举办了美国全明星啦啦队教练员大会（National All Star Cheerleading Coaches Congress），并于 2005 年被美国全明星啦啦队联盟指定为规则制定机构。2006 年年底，美国全明星啦啦队联盟进一步扩大其影响，推动了第一个啦啦队国际管理机构——国际全明星啦啦队联盟（International All – Star Federation）的建立。到 2008 年，该组织开启每年两次的研讨模式并制定了 2009—2010 年以及 2010—2011 年两个赛季的规则，此规则系统为全明星啦啦队所有难度级别（1 ~6 级）的管理提供了规范的依据。

3.4.1.2.3　职业啦啦队

啦啦队运动进入职业体育始于20世纪60年代，职业啦啦队队员是专为诸如橄榄球、篮球、棒球、摔跤和曲棍球等体育运动加油助威的群体。世界上职业啦啦队联盟为数不多，一些职业联赛会聘请啦啦队为自己的球队呐喊助威。例如，NBA，其啦啦队已闻名于世，成为NBA赛场上一道靓丽的风景线，表3－6为NBA各球队的啦啦队。

NBA在挑选啦啦队队员时，坚持“业务第一”的原则，把舞蹈技术当作其首选标准。每年赛季开始前数月，俱乐部就开始物色人选进行培训，从容貌、身材、艺术表现和舞蹈素养等各个方面来考察学员。通过层层选拔直到赛季前确定正式阵容，入选的队员多为在校大学生和专业舞蹈演员。职业啦啦队队员多为兼职，其出场费每场比赛在50~150美元，在湖人队收入最高的队员一场表演能得到200美元，一个赛季41场球赛所赚的工资实属较低。因此，除去正式比赛和平时训练的时间外，她们会参与慈善工作、筹款活动、做模特等来维持生计。湖人队的啦啦队是美国国家篮球协会全女子啦啦队之一，她们为洛杉矶湖人队的主场比赛表演和助威。1979年，杰里·巴斯与合伙人一起花6 750万美元买下湖人队等球队，在他经营下的湖人队总共16次打入NBA总决赛，其中10次捧得总冠军奖杯。他认为篮球比赛应有娱乐价值，虽然比赛本身很精彩，但是赛场紧张的氛围令人窒息，因此他设想可以加入舞蹈者来缓解气氛。当时啦啦队在NBA中并不常见，巴斯组织了一支高品质的女子啦啦队作为他设计比赛表演的一部分。湖人队的啦啦队队员在非赛季都拥有较为稳定的工作，如职业舞者、女服务员、大学教授等。一个赛季湖人啦啦队通常参与30场球赛。每年7月是湖人啦啦队队员试镜时间，每一位现役队员需参与试镜以保持队伍中原有的位置。每一位试镜者需准备一份注有上份工作性质的简历，在评委面前展示一套已准备好的动作以及当场学习并表演两套湖人现役啦啦队队员教授的动作。舞蹈技巧是主要的评判准则，队员性格、动作风格以及团队合作也同样被列为考查依据。金州勇士队是最早加盟NBA的11支球队之一，其啦啦队在加利福尼亚州主场为金州勇士队欢呼加油。这支啦啦队

表 3-6 NBA 各球队啦啦队队名

NBA 球队	啦啦队队名
亚特兰大老鹰队（Atlanta Hawks）	A - Town Dancers
波特兰开拓者队（Portland Trail Blazers）	Blazer Dancers
波士顿凯尔特人队（Boston Celtics）	Celtics Dancers and Green Team
布鲁克林篮网队（Brooklyn Nets）	Brooklynettes
夏洛特黄蜂队（Charlotte Hornets）	Charlotte Honeybees
芝加哥公牛队（Chicago Bulls）	Chicago Luvabulls
克里夫兰骑士队（Cleveland Cavaliers）	Cavalier Girls
达拉斯小牛队（Dallas Mavericks）	Mavs Dancers
丹佛掘金队（Denver Nuggets）	Nuggets Dancers
底特律活塞队（Detroit Pistons）	Automotion
金州勇士队（Golden State Warriors）	Warrior Girls
孟菲斯灰熊队（Memphis Grizzlies）	Grizzlies Dance Team
休斯敦火箭队（Houston Rockets）	Power Dancers
印第安纳步行者队（Indiana Pacers）	Pacemates
纽约尼克斯队（New York Knicks）	Knicks City Dancers
洛杉矶快船队（Los Angeles Clippers）	Spirit Dance Team
洛杉矶湖人队（Los Angeles Lakers）	Laker Girls
奥兰多魔术队（Orlando Magic）	Magic Dancers
迈阿密热火队（Miami Heat）	HEAT Dancers
密尔沃基雄鹿队（Milwaukee Bucks）	Energee
新奥尔良鹈鹕队（New Orleans Pelicans）	Pelicans Dance Team
俄克拉荷马雷霆队（Oklahoma City Thunder）	Thunder Girls
圣安东尼奥马刺队（San Antonio Spurs）	Silver Dancers
费城 76 人队（Philadelphia 76ers）	Sixers Dancers
菲尼克斯太阳队（Phoenix Suns）	Suns Dancers
明尼苏达森林狼队（Minnesota Timberwolves）	Timberwolves Dance Team
萨克拉门托国王队（Sacramento Kings）	Kings Royal Court Dancers
多伦多猛龙队（Toronto Raptors）	Dance Pak
犹他爵士队（Utah Jazz）	Jazz Dancers
华盛顿奇才队（Washington Wizards）	Wizard Girls

伍由 18 位女性组成，她们不仅极富表演才能，而且一度成为勇士队的形象大使。啦啦队舞蹈风格以街舞和爵士为主，其他舞蹈风格也掺杂在舞蹈成套动作中。啦啦队除了在球赛常规赛每节之间的休息时间上场表演外还会在开场和超时违例的暂停时间娱乐观众，典型的舞蹈套路持续 60～90 秒。一个赛季勇士队的啦啦队大约需要表演 43 场主场比赛（包括 2 场季前赛），如果球队有资格参加季后赛，那么啦啦队还会再次出场。勇士队啦啦队除了表演外，还会参加赛季期间与球迷的互动、抽彩售物、代表勇士队的特许经营权签名、组织并参与 NBA 的慈善事业等一系列活动。

除了 NBA 以外，NFL、NHL、加拿大足球联盟（CFL）、美国职业足球大联盟（MLS）等，都拥有各自的职业啦啦队。这些职业啦啦队在为各大体育联盟的发展做贡献的同时，也依托这些体育联盟在全球的影响力，为世界展现着啦啦队运动的魅力，为啦啦队运动文化在世界各地的传播起到了良好的推动作用。

3.4.2 啦啦队运动文化的传播

体育文化传播属于文化传播中的一个分支。作为体育文化组成部分的啦啦队运动，其文化传播又可称之为文化扩散，指啦啦队运动文化由文化源地向外辐射传播或由一个社会群体向另一群体的散布过程。啦啦队文化传播的方式一般采用直接的采纳，即把外来的文化元素直接接纳过来。啦啦队运动是起源于美国的一项运动，随着职业橄榄球联盟以及美国啦啦队锦标赛被其他国家逐步引进，啦啦队运动就成为一项全球性的运动。

3.4.2.1 啦啦队运动文化传播的组织

成立于 1998 年的国际竞技啦啦队联合会（International Federation of Cheerleading，IFC）成为传播啦啦队运动文化主要的非营利性体育组织。它面向所有通过认证的国家级或地区级啦啦队运动管理协会或联合会在全球范围内举办各种啦啦队竞赛活动，以这些比赛为载体，国际竞技啦啦队联合会向全球传播啦啦队运动文化。现在其受众遍及欧洲、亚洲、北美洲、南美洲、非洲和大洋洲。

图 3－37 是国际竞技啦啦队联合会组织管理机构，执行董事会负责联合会的运营和管理，并对不需要在年度会议上做决定的事项做出决

议。执行委员会是董事会所属日常工作机构，主要负责组织研究国际竞技啦啦队联合会的中长期发展规划、机构设置、职权划分、倡导和落实联合会规范化管理工作。委员会下设规则委员会、教育委员会和竞赛组委会。其职责分别是负责制定竞技啦啦队规则、教育和竞赛的政策法规和制度，统筹协调重大国际竞技啦啦队规则、教育和竞赛的各项事宜。他们各司其职、各负其责，主动配合以确保方针政策的落实。国际竞技啦啦队联合会下设3个组织机构，分别是亚洲啦啦队联盟（Asian Federation of Cheerleading）、欧洲啦啦队联盟（European Cheerleading Association）和泛美啦啦队联盟（Pan – American Federation of Cheerleading）。例如，亚洲啦啦队联盟会员有柬埔寨、印度尼西亚、日本、韩国、新加坡、泰国等国家以及中国台北、中国香港地区；欧洲啦啦队联盟会员有德国、希腊、波兰、俄罗斯、斯洛文尼亚、西班牙、乌克兰、英国等；泛美啦啦队联盟会员有阿根廷、巴西、巴巴多斯、智利、古巴、哥伦比亚等。

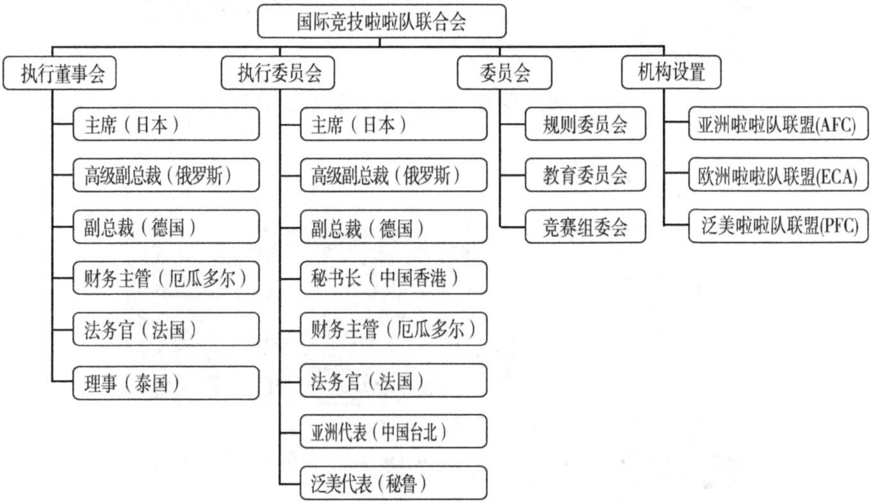

图3－37　国际竞技啦啦队联合会组织管理机构

国际竞技啦啦队联合会主要通过网络来发布最新信息以及相关资讯（图3－38）。在联合会官网中有每一个下设机构的链接，包括各大洲啦啦队联盟的官网和各个会员国或地区的啦啦队协会官网，如亚洲啦啦队联盟（图3－39）、日本啦啦队协会（图3－40）。

图 3－38　国际竞技啦啦队联合会官网

图 3－39　亚洲啦啦队联盟官网

图 3 -40　日本啦啦队协会官网

从图 3 -40 可以看出，日本啦啦队协会官网所用语言为日语。同样，在其他会员国或地区网站上所用语言都是当地的文字。网站的这种设计更加人性化，既有集体网站的官方语言英语，又有个体网站的本土语言，为啦啦队运动的传播营造了一种多元化的文化环境，使各会员更容易从整体和局部以及不同的角度了解啦啦队运动的信息和文化，优化了啦啦队运动文化的传播效果，有利于啦啦队运动文化的全球化传播。

3.4.2.2　啦啦队运动在传播中的文化冲突与融合

不同民族、不同国家由于拥有不同的价值目标、价值取向和意识形态，因此在文化接触和文化传播的过程中产生竞争和对抗，形成文化冲突。但有冲突就必然有融合，不同的文化在现代全球化的环境下相互交流，和谐相融。美国啦啦队运动文化在传播至其他国家的过程中，因差异而产生冲突，因认同而形成融合。

在啦啦队运动文化向其他国家传播的过程中，由于其极具美国特色，因此在很多方面很难融入其他国家的文化系统。美国一些啦啦队公司试图向其他国家的啦啦队出售他们的产品和服务，但在许多方面，他们的尝试未获成功。美国啦啦队协会高管和啦啦队公司代表认为，由于文化的冲突和差异，他们并未真正开发和培育海外市场，虽然一直在尝试，但是国外市场无组织的局面成为最大的障碍。例如，在德国啦啦队锦标赛上，球迷们手拿啤酒，举止粗暴，年龄段从十几岁到三十几岁的啦啦队队员在每场间隙都会坐在一旁抽烟。国际竞技啦啦队联合会高管认为这是不可理喻的事情。虽然他们具有良好的运动素质，但是对于啦啦队运动文化的理解不如人意。然而，国外相关人士并不赞同美国对此的评价，认为各国在接受啦啦队运动文化的同时可以对其进行重新改造以适合本国的文化环境。因此，相对于美国啦啦队运动而言，其他国家有属于自己的特点。例如，美国最典型的啦啦队运动种类为校办啦啦队和全明星啦啦队。校办啦啦队的相关事宜由大学承担，而全明星啦啦队完全独立于学校并以竞技为目的。但是在其他很多国家，啦啦队不属于校办啦啦队也不属于全明星啦啦队，而且中学和大学啦啦队运动所需资金及其来源都与学校无关。据英国啦啦队协会（British Cheerleading Association）主席鲍勃表示，英国仅有少于10%的啦啦队俱乐部是以学校为基础的。俱乐部并不提供相应的财务支持，队员需自筹经费以支付所有费用，当地社区也会以学校代表队的资助方式赞助啦啦队。这些啦啦队俱乐部由不同年龄段不同队伍的队员组成，约有50%的啦啦队经常支持当地的职业足球、篮球、橄榄球等运动队。她们为所有的主场比赛加油助威，通常在开赛前30分钟进行欢呼呐喊，在中场休息时进行舞蹈和技巧表演。在瑞典，休闲体育以及精英体育均是由俱乐部组织管理的，这些俱乐部的啦啦队为其举办的比赛服务，一些体操俱乐部也为参与相关比赛开始组建啦啦队。除了欧洲外，美国啦啦队运动传播至亚洲并得到快速发展。例如，日本的啦啦队运动有类似于美国校办啦啦队以及类似于全明星啦啦队的俱乐部啦啦队，但也加入了自己独特的元素，即股份有限公司代表队，如朝日和富士通，她们不仅为相关的体育竞赛喝彩欢呼，还参与表演以为公司做公关工作。

欧洲啦啦队运动和美国啦啦队运动最大的区别在于，大多数欧洲国家的啦啦队运动均建立了统一的管理机构。例如，英国啦啦队协会1984年成立，1990年被正式任命为英国官方认可的管理机构。同样，瑞典啦啦队联盟（Swedish Cheerleader Federation）成立于1995年。像其他欧洲监管机构一样，瑞典啦啦队联盟和英国啦啦队协会的主要任务是在本国推广啦啦队运动，促进其发展并确保实施统一的安全标准。而美国由于其政治体制的特点，不存在这样统一的管理机构。英国啦啦队协会主席鲍勃认为，美国啦啦队对此的忽视是其最大的劣势，无统一的管理机构导致美国啦啦队商业公司市场过度自由以致各环节各部门不能进行良好的合作，队员参与锦标赛时常为遵循哪套指导方针含混不清，也正是因为统一管理机构的缺失使美国啦啦队竞赛没有统一的安全标准。此外，像英国这样拥有统一管理机构的国家，无论对于竞技体育还是休闲体育的教练员都有严格的管理政策，其中也包括啦啦队教练员。例如，英国啦啦队教练员必须通过内政部的犯罪记录局，证明其没有犯罪记录以适合从事儿童和青少年的体育运动工作。当然，美国啦啦队运动有限公司和相关组织对海外啦啦队运动的输出其实是美国文化传播的典型代表。美国人希望通过各种渠道潜意识地向世界各国灌输他们的文化和价值观，而作为流行文化符号的啦啦队文化是一个窗口。事实上，许多国家在抵制美国化并对美式啦啦队运动进行改造以此来满足和适应本国的需求、权益和价值观。此外，海外啦啦队协会相信其他国家在啦啦队运动的发展过程中也有值得美国啦啦队学习的地方，特别是在统一管理和制定标准的竞赛规程这两个方面。只有这样，啦啦队运动才能消除传播边界、化解文化冲突，达到啦啦队运动文化全球化的目标。

啦啦队运动文化在全球化发展中，在与其他国家文化的互动过程中，虽然有冲突，但是啦啦队运动文化通过与其他文化相互交流与渗透，与其他文化融为一体，共同发展。美国啦啦队运动文化传入中国仅有十几年的时间，但其发展和普及速度之快、运动技术水平提高幅度之大，使中国啦啦队运动逐渐与美国啦啦队运动文化相融合。20 世纪末，中国第一支专业舞蹈啦啦队的成立以及啦啦队运动文化传播有限公司的组建，促使中国大学生健美操艺术体操协会（CSARA）在 21 世纪初期从美国引进技巧啦啦队运动并举办全国大学生啦啦队大赛，从此啦啦队运动在中国全面展开。近年来，中美啦啦队运动文化交流频繁，美国 UCA 啦啦队运动专家对中国啦啦队教练员和评判员进行了培训。美国啦啦队优秀运动员给中国啦啦队培训班和训练营的队员展示了各种技术并提供指导。在啦啦队运动技术、课程教学、规则制定、教练员培训、竞赛组织和开展上，中国啦啦队运动吸取、借用了美国啦啦队运动的发展模式。但由于中西文化的差异加之“和而不同”观念的指导，中国啦啦队运动也加入了本国特色，在文化融合的基础上进行新的文化创造。例如，在组织文化上，中国大学生健美操艺术体操协会和国家体育总局体操运动管理中心对啦啦队运动进行共同监管，组织机构比美国简单但更加统一和集中；在形象文化上，从技术风格入手打造中国特色；除了美国啦啦队运动中的体操、技巧、街舞、爵士舞、拉丁舞等表现形式外，还加入了杂技、武术等民族特色的舞蹈元素，配以中国传统道具、民族乐曲和中国特色的口号。美国啦啦队运动文化传播至中国，使中国啦啦队运动在不断吸取和借鉴美国啦啦队运动元素的同时，在传统体育文化的基础上发展具有中国特色的啦啦队运动文化，丰富了啦啦队运动文化的内涵。与此同时，中国啦啦队登上国际舞台，向世界展示中国啦啦队文化，使美国以及其他国家通过这个窗口更加了解中国传统文化和中国特色。

除此之外，一些国家啦啦队运动的发展借鉴了美国啦啦队运动的发展模式。瑞典卡拉马大学男生成立橄榄球队伊始，该校的女大学生便开始筹备成立啦啦队。一开始为其他运动队加油助威，而后发展为在教练员指导下进行正规训练并参与欧洲锦标赛，直到瑞典啦啦队联盟的成立。与此同时，美国啦啦队运动所具有的独特竞技文化价值，能够满足其他国家社会主体的文化需求，促使啦啦队运动竞赛组织和比赛在全球范围内蓬勃发展。例如，2002 年世界啦啦队协会（World Cheerleading Association）在苏格兰举办了欧洲啦啦队和舞蹈锦标赛，来自 7 个国家 50 支队伍的 850 名啦啦队队员进行了角逐。2012 年，在英国的特尔福德，来自欧洲的啦啦队队员参加了国际啦啦队比赛，这一比赛是欧洲最大型的比赛，来自全欧洲的 47 支队伍的 1 800 多名啦啦队队员进行比赛。在墨西哥的阿卡普尔科，每年举办的全国啦啦队锦标赛吸引着来自拉丁美洲国家多支啦啦队队伍的参与。除了欧洲国家外，啦啦队运动在亚洲的开展也如火如荼，甚至吸引了来自欧洲国家的参与。2001 年，在日本东京举办的首届国际啦啦队锦标赛，吸引了全世界来自芬兰、德国、日本、挪威、斯洛文尼亚、瑞典、英国和中国台湾 8 个国家和地区的参与。国际啦啦队锦标赛的开展正式将啦啦队提升为世界竞技运动。此后，国际啦啦队锦标赛每 2 年举办 1 次，参赛队伍持续增加。

啦啦队运动作为一项体育运动，竞赛既是啦啦队运动文化的主要载体，也是啦啦队运动文化与其他文化从冲突走向融合的最佳途径。通过各种啦啦队竞赛最大限度地满足了不同社会主体的文化需求，促进了啦啦队运动文化的全球化传播。

3.4.3 研究小结

（1）在原始部落封闭且信息传递不发达的社会文化环境中，啦啦队运动文化与其他社会文化接触有限。因此，啦啦队运动文化以自然传承为主，直到现在啦啦队运动依然保留着许多最原始的文化元素，充分体现出自然传承在啦啦队运动文化发展中构建的历史积淀。在保证啦啦队运动文化发展稳定性的同时，自然传承也在一定程度上限制了啦啦队运动发展的创新。随着时代的发展，在自然传承的基础上，书面传承、学校教育传承、社会传承丰富了啦啦队运动文化的传承方式，为啦啦队运动的发展创造了良好的文化生态环境，拓宽了啦啦队运动文化的传承路径，有利于啦啦队运动文化的传承与创新。

（2）以国际竞技啦啦队联合会各组织机构的运营和管理为基础，啦啦队运动在全球的传播促使不同特质的文化在相互接触交流中产生冲突、在相互吸收渗透中融为一体，促进了全球文化的互动与沟通，丰富了世界各国人民的文化生活，满足了不同社会主体的文化需求，为文化全球化发展注入了体育文化的活力。

4 结论与建议

4.1 结 论

（1）啦啦队运动是起源于美国原始部落的一项体育运动。从原始社会为族人自发性的欢呼鼓舞，到现在组织健全的全球化体育运动，啦啦队运动经历了原生态、继生态和新生态 3 个阶段。其中继生态分为看台助威阶段（1869—1922 年）、表演和看台助威并存阶段（1923—1977 年），新生态分为竞赛发展初期阶段（1978—1997 年）和竞赛发展普及阶段（1998 年至今）。

（2）在原生态阶段，啦啦队运动的雏形是原始部落的族人为激励部落狩猎战士的手舞足蹈和欢呼。在继生态阶段，1869 年，罗格斯大学对阵普林斯顿大学的橄榄球赛标志着啦啦队进入看台助威阶段；1923 年，明尼苏达大学女生成功加入促使啦啦队运动进入表演和看台助威并存阶段。在新生态阶段，1978 年，全美大学生啦啦队比赛首次被美国哥伦比亚广播公司的体育频道在全国范围转播，使啦啦队运动进入竞赛发展初期阶段；1998 年，国际竞技啦啦队联合会和国际全明星啦啦队联盟的成立标志着啦啦队运动进入竞赛发展普及阶段。

（3）啦啦队运动作为一种社会文化现象，本质上是人类的身体文化活动，参与啦啦队运动的主体是人。因此，在影响啦啦队运动文化的 4 个因素中，价值观念与啦啦队运动文化的关系最为密切，属于影响啦啦队运动文化发展的内在因素。影响啦啦队运动发展的主要价值观念有种族观念、男女平等的价值观念、人种平等的价值观念和多元文化价值观念。而社会组织、经济体制和科学技术是影响啦啦队运动文化发展的外在因素，这些因素的共同作用促使啦啦队运动形成组织健全的产业化发展模式，推动了啦啦队运动的全球化发展。

（4）啦啦队运动是从美国原始部落起源的一项体育运动，在这项运动产生的过程中就赋予其最原始、最纯粹的美国文化内涵。随着啦啦队运动文化与美国文化生态环境中各种文化元素的融合，啦啦队运动在美国的风俗中成为人们的心理寄托，在美国的文学中成为人们抒发情感的载体，在丰富的艺术世界中成为人们关注的焦点和体验的对象。啦啦队运动自身所具有的文化价值，满足和实现了啦啦队运动在美国整个文化生态系统中的集体意识和归属心理，使得啦啦队运动与美国文化生态系统产生了密切的关系。一方面，啦啦队运动文化丰富了美国文化生态系统的内容；另一方面，美国文化生态系统为啦啦队运动的传承和传播创造了良好的文化环境。

（5）在原始部落封闭且信息传递不发达的社会文化环境中，啦啦队运动文化以自然传承为主，直到现在啦啦队运动依然保留着许多最原始的文化元素。在自然传承的基础上，书面传承、学校教育传承、社会传承丰富了啦啦队运动文化的传承方式，拓宽了啦啦队运动文化的传承路径。以国际竞技啦啦队联合会各组织机构的运营和管理为基础，啦啦队运动在全球的传播促使不同特质的文化在相互接触交流中产生冲突、在相互吸收渗透中融为一体，促进了全球文化的互动与沟通。

4.2 建 议

（1）在文化全球化背景下，中国啦啦队运动的发展要重视文化的多元化，尤其是重视种族文化的多元化，让不同种族的人参与到中国的啦啦队运动中来，把中国的啦啦队运动发展成为更加国际化的体育项目。

（2）在中国文化生态环境下，在啦啦队运动的发展中要注重学生的人格发展，把啦啦队运动作为培养学生人格的重要手段。

（3）在啦啦队运动新生态竞赛发展普及阶段，只有提高中国体操的普及化程度，才能更好、更快地提高中国啦啦队运动技术水平。

（4）在中国积极倡导阳光体育科学锻炼全新理念的背景下，以中小学的校园体育为基础，充分发挥啦啦队运动与他人合作的价值取向，完善啦啦队运动后备人才培养，培养青少年学生的团队意识，丰富广大学生的体育文化生活，为营造校园体育的良好氛围发挥积极作用，促进青少年学生身体健康全面发展。

参考文献

[1] 中国共产党第十八次全国代表大会关于《中国共产党章程（修正案）》的决议 [EB/OL]. [2012-11-14]. http://news.xinhuanet.com/18cpcnc/2012-11/14/c_113690949.html.

[2] 体育事业发展"十二五"规划 [EB/OL]. [2011-04-01]. http://www.sport.org.cn/p-news/2011-04-01/348735.html.

[3] 李素芹，苍大强，李宏. 工业生态学 [M]. 北京：冶金工业出版社，2007：21.

[4] STEWARD J H. Theory of Culture Change [M]. Chicago: University of Illinois Press, 1995.

[5] ADAMS R M. Theory of Culture Change: The Methodology of Multilinear Evolution by Julian H. Steward [J]. American Antiquity, 1956, 22 (2): 195-196.

[6] OPLER M E. Theory of Culture Change: The Methodology of Multilinear Evolution by Julian H. Steward [J]. American Sociological Review, 1956, 21 (3): 387-388.

[7] WHITE L A. Theory of Culture Change: The Methodology of Multilinear Evolution by Julian H. Steward [J]. American Anthropologist, New Series, 1957, 59 (3): 540-542.

[8] LARRY GROSSMAN. The Cultural Ecology of Economic Development [J]. Annals of the association of American Geographers, 1981, 71 (2): 220-236.

[9] ZIMMERER K S. Cultural ecology: at the interface with political ecology - the new geographies of environmental conservation and globalization [J]. Progress in human geography, 2006, 30 (1): 63-78.

[10] ESTHER NTSAYAGAE, MOTSHEDISE SABONE, MOGOBE K D. et al. Cultural Considerations in Theories of Adolescent Development: a

case study from Botswana [J]. Issues in Mental Health Nursing, 2008 (29): 165 - 177.

[11] 朱利安 · H. 斯图尔特. 文化生态学 [J]. 潘艳, 陈洪波, 译. 南方文物, 2007 (2): 107 - 112.

[12] 冯天瑜, 何晓明, 周积明. 中华文化史 [M]. 上海: 上海人民出版社, 2006.

[13] 杨文乐. 斯图尔德与文化生态学 [J]. 云南教育学院学报, 1993, 9 (1): 92 - 96.

[14] 骆建建, 马海逵. 斯图尔德及其文化生态学理论 [J]. 文山师范高等专科学校学报, 2005, 18 (2): 168 - 170.

[15] 石群勇. 斯图尔德文化生态学理论述略 [J]. 社科纵横, 2008, 23 (10): 140 - 141.

[16] 邓辉. 卡尔 · 苏尔的文化生态学理论与实践 [J]. 地理研究, 2003, 22 (5): 625 - 634.

[17] 唐家路. 民间艺术的文化生态研究 [J]. 山东社会科学, 2005 (11): 28 - 30.

[18] BRIAN STODDART. Wide World of Golf: A Research Note on the Interdependence of Sport, Culture, and Economy [J]. Sociology of Sport Journal, 1990 (7): 378 - 388.

[19] CLIVE C. POPE, MARY O'SULLIVAN. Darwinism in the Gym [J]. Journal of Teaching in Physical Education, 2003 (22): 311 - 327.

[20] Mark H. Zmudy, Matthew D. Curtner - Smith & Jeff Steffen. Ecology and Task Structures in Adventure Education [J]. Journal of Experiential Education, 2009, 31 (3): 319 - 340.

[21] 陈彦. 体育与环境 [J]. 西安体育学院学报, 2000, 17 (4): 18 - 19.

[22] 万义. 村落少数民族传统体育发展的文化生态学研究——"土家族第一村"双凤村的田野调查报告 [J]. 体育科学, 2011, 31 (9): 41 - 50.

[23] 闫艺, 孙世明. 文化生态学视野下维吾尔族传统体育文化变迁研究 [J]. 广州体育学院学报, 2011, 31 (4): 30 - 36.

[24] 李吉远, 谢业雷. "文化生态"视阈下传统武术的传承与保护 [J]. 西安体育学院学报, 2009, 26 (2): 190 - 193.

[25] 王红芳，陈永辉，谭克理，等. 文化生态视野下中国民间武术拳种价值开发研究 [J]. 首都体育学院学报，2011，23 (3)：213 -216.

[26] 杨建营. 生态文明视域下的武术发展研究 [D]. 上海：上海体育学院，2010.

[27] 陈琦，吕树庭，龚建林，等. 文化生态学视野下南部沿海区域大众体育的发展 [J]. 体育学刊，2010，17 (1)：10 -14.

[28] 王菁. 南部沿海区域休闲体育的文化生态学透视 [J]. 成都体育学院学报，2010，36 (8)：34 -37.

[29] 张宏，陈琦，龚建林. 文化生态学视野下南部沿海区域体育可持续发展评价的研究 [J]. 体育学刊，2010，17 (8)：22 -25.

[30] 蒋炳宪，刘勇，周健生. 瑜伽起源与发展的文化生态学观察 [J]. 论坛集萃，2011 (9)：274 -275.

[31] 向勇. 健美操文化与高校"文化生态圈"的关系研究 [D]. 成都：四川大学，2003.

[32] DEBENEDETTE, V. Are Cheerleaders Athletes? [J]. The Physician and Sportsmedicine, 1987, 15 (9): 214 -220.

[33] MUELLER F O. Cheerleading Injuries and Safety [J]. Journal of Athletic Training, 2009, 44 (6): 565 -566.

[34] SHIELDS B J, SMITH G A. Cheerleading - Related Injuries in the United States: A Prospective Surveillance Study [J]. Journal of Athletic Training, 2009, 44 (6): 567 -577.

[35] THOMAS D Q, SEEGMILLER J G, COOK T L, et al. Physiologic profile of the fitness status of collegiate cheerleaders [J]. Journal of strength and conditioning research, 2004, 18 (2): 252 -254.

[36] FINKENBERG M E, DINUCCI J N, MCCUNE E D & McCune SL. Cognitive and somatic state anxiety and self - confidence in cheerleading competition [J]. Perceptual & Motor Skills, 1992, 75 (3): 835 -839.

[37] CLIFTON R T, GILL D L. Gender differences in self - confidence on a feminine - typed task [J]. Journal of Sport & Exercise Psychology, 1994, 16 (2): 150 -162.

[38] 徐中秋，徐艳，刘松霞. 啦啦队的历史沿革综述 [J]. 体育科技文献通报，2007，15 (7)：3 -4.

[39] 张庆如. 啦啦操运动发展演进及特征表现 [J]. 北京体育大

学学报，2010，33（12）：142－144.

［40］张庆如，张庆玲．我国啦啦操发展现状及对策研究［J］．北京体育大学学报，2011，34（11）：136－138.

［41］孙铁民，李惠娟．我国啦啦操运动现状的调查研究［J］．西安体育学院学报，2005，22（4）：85－87.

［42］张晓瑛．浙江省啦啦操运动发展现状及对策研究［J］．浙江体育科学，2011，33（1）：42－43.

［43］熊萍．武汉地区8所高校啦啦操运动现状的调查研究［J］．江汉大学学报：自然科学版，2010，38（3）：110－112.

［44］赵杰．技巧啦啦操难度动作的基本技术探析［J］．南京体育学院学报：自然科学版，2011，10（3）：64－66.

［45］张丽君．“三操”（艺术体操、健美操和啦啦操）的比较分析［J］．体育世界：学术版，2010（8）：31－32.

［46］黄楚姬．啦啦操的概述与编排［J］．体育科技，2003，24（2）：40－43.

［47］赵秋爽，周卫．啦啦队音乐和动作的选编初探［J］．体育科学研究，2004，8（1）：64－66.

［48］吴永钧．技巧啦啦操训练系统化对现阶段我国技巧啦啦操竞技水平发展的意义［J］．体育世界：学术版，2011（10）：100－101.

［49］杨任荣．浅析啦啦队的手臂动作与训练［J］．南阳师范学院学报，2008，7（6）：67－68.

［50］陈松，张中印．技巧啦啦操底座运动员托举专项力量训练方案设计探析［J］．体育科技文献通报，2012，20（6）：35－37.

［51］王皓．舞蹈类啦啦队运动员应具备的基本素质及训练方法［J］．湖北广播电视大学学报，2007（2）：13－15.

［52］常蕾．对我国啦啦队竞赛及组织运行的分析［D］．北京：北京体育大学，2007.

［53］李遵华．我国高校啦啦队竞赛现状分析与发展对策研究［D］．福州：福建师范大学，2007.

［54］郑瑾，刘美凤．技巧啦啦操队女大学生健康体适能影响的研究［J］．搏击（体育论坛），2012，4（5）：42－43.

［55］施正雄．啦啦操训练对女大学生新心理健康和社交焦虑的影响［J］．武汉体育学院学报，2012，46（8）：79－82.

［56］刘屹峰．论啦啦队运动对大学生情商的培养［J］．体育科技，2009，30（1）：63－69.

［57］刘伟．文化概念分析［J］．学习与探索，1988，(2)：68－73.

［58］GUSTAV JAHODA. Critical reflections on some recent definitions of "culture"［J］. Culture & Psychology，2012，18（3）：289－303.

［59］SCHWARTZ S H. Culture matters. National value cultures, sources and consequences［M］. Understanding culture：Theory，research and application. New York，NY：Psychology Press，2009：127－162.

［60］HONG Y A dynamic constructivist approach to culture：Moving from describing culture to explaining culture. Understanding culture：Theory，research and application［M］. New York：Psychology Press，2009：3－23.

［61］易剑东．体育文化学［M］．北京：北京体育大学出版社，2006.

［62］席焕久．体育人类学［M］．北京：北京体育大学出版社，2002.

［63］熊晓正．文化、体育、体育文化［J］．成都体育学院学报，1987（1）：19－20.

［64］卢元镇．体育社会学［M］．北京：高等教育出版社，2003：127.

［65］HANSON M E. Go！Fight！Win！Cheerleading in American Culture［M］. Ohio：Bowling Green State University Popular Press，1995.

［66］ALLISON ELAINE WRIGHT. Gender，Power，and Performance：Representations of Cheerleaders in American Culture［D］. Austin：The University of Texas at Austin，2012.

［67］徐宝丰．啦啦操运动与中国传统文化的融合［J］．体育成人教育学刊，2009，25（3）：29－30.

［68］卢晨曦．中美竞技啦啦队文化层面的比较研究［D］．成都：西南交通大学，2007.

［69］张庆如．啦啦队运动的文化诠释及体育赛场啦啦队活动的组织运行模式［D］．北京：北京体育大学，2009.

附 录

附录一 访谈人员信息

姓名	工作单位	职称	国籍
Susan Bandy	美国俄亥俄州立大学	教授	美国
Sarah Fields	美国俄亥俄州立大学	副教授	美国
Phillip Ward	美国俄亥俄州立大学	教授	美国
Jackie Goodway	美国俄亥俄州立大学	教授	英国
Weidong Li	美国俄亥俄州立大学	副教授	中国
Dana Bumbrey	美国俄亥俄州立大学	教练	美国
Lenee' Buchman	美国俄亥俄州立大学	教练	美国
Eddie Hollins	美国俄亥俄州立大学	教练	美国
Ben Schreiber	美国俄亥俄州立大学	教练	美国
Ray Sharp	美国俄亥俄州立大学	教练	美国
Melissa McGhee	美国俄亥俄州立大学	教练	美国
Patrick Carmichael	美国俄亥俄州立大学	教练	美国
Siobhan St. John	美国俄亥俄州立大学	教练	美国
Chelsea Foster	美国俄亥俄州立大学	博士研究生	美国
Seung yeon Park	美国俄亥俄州立大学	博士研究生	韩国
Jihyun Lee	美国俄亥俄州立大学	博士研究生	韩国
Ali Brian	美国俄亥俄州立大学	博士研究生	美国
Ruri Famelia	美国俄亥俄州立大学	博士研究生	印度尼西亚
Junyoung Kim	美国俄亥俄州立大学	博士研究生	韩国
Justin Haegele	美国俄亥俄州立大学	博士研究生	韩国
Hong - min Lee	美国俄亥俄州立大学	博士研究生	韩国

附录二　问卷和访谈提纲

1. “啦啦队是否是一项体育运动”问卷

Whether cheerleading should be considered a sport or an activityquestionnaire

Xiaojuan Li , 3009 Stadium Drive Apt3
Columbus, OH 43202 - 1857
(614) 441 - 1229

I am a visiting scholar at the Ohio State University, and this project is part of my PhD.

Thesis in cheerleading research. The purpose of this project is to collect data about whether cheerleading should be considered a sport or an activity. Your participation will help to know the opinion and reason about it. Please fill in the questionnaire according to the actual situation. I really appreciated your help.

Please tick the appropriate box.

1. Which is your identity?

Faculty□　Student□　Visiting scholar□　Others□

2. Do you think whether cheerleading should be considered a sport?

Yes□　No□　Not clear□

If you choose "No" or "Not clear", please explain the reason

____

____

____

____

2. “俄亥俄州立大学啦啦队运动损伤”问卷

The Ohio State University cheerleading injuries questionnaire

Xiaojuan Li , 3009 Stadium Drive Apt3
Columbus, OH 43202 - 1857
(614) 441 - 1229

I am a visiting scholar at the Ohio State University, and this project is part of my PhD.

Thesis in cheerleading research. The purpose of this project is to collect data on the injury rate of cheerleaders. Your participation will help to know the location and percentage of the injury about cheerleaders. Please fill in the questionnaire according to the actual situation. I really appreciated your help.

Please tick the appropriate box.

1. Gender

Male□　　Female□

2. Your injury site

Head□

Shoulder□

Elbow□

Wrist□

Ankle□

Knee□

Waist□

Hip□

Thigh□

Calf□

Others: ________

3. "啦啦队运动的文化生态研究" 访谈提纲

访谈对象：美国俄亥俄州立大学体育活动和教育服务院系教授、啦啦队相关组织管理人员和教练员。

访谈方式：面谈。

访谈内容：

1. What kind of historical situation of cheerleading in US?
2. Details about the competitive cheerleading governing body.
3. How many types of cheerleading in US?
4. What kinds of contents and programs about the cheerleader tryout?
5. Management issues about the Ohio State University cheerleading, such

as which is the management department? Whether to offer athletic scholarships or not? Source of funds etc.

6. Details about the competing, training and participating the activities of cheerleading in Ohio State University.

7. Background of the cheerleaders in Ohio State University.

8. What is the development trend of Cheerleading?

9. Do you think whether cheerleading should be considered asport? Why?